지식재산권의 이해

지식재산권의 이해

1판 1쇄 찍은날 2024년 1월 20일
펴낸날 2024년 1월 25일

지은이 정연덕
펴낸이 전영재
편집 박명희
펴낸곳 쿠북(건국대학교출판부의 패밀리 브랜드입니다.)
등록 / 제 4-3 호(1971. 6. 21.)
주소 / 05029, 서울특별시 광진구 능동로 120
전화 / 편집팀_(02) 450-3891~2 영업팀_(02) 450-3893
팩스 / (02)457-7202
홈페이지 / http://press.konkuk.ac.kr
e-mail / press@konkuk.ac.kr

찍은곳 네오프린텍㈜
정가 16,000원

ISBN 978-89-7107-777-1 03360

* 이 책은 2019년도 건국대학교 KU학술연구비 지원에 의한 책임

지식재산권의 이해

정연덕 저

쿠북

머리말

최근 지식재산 분야는 AI 시대의 도래와 4차 산업혁명 등의 발전으로 점점 중요성이 더해지고 있다. IT 분야에서는 특허를 보유한 기업을 인수 · 합병하는 일이 많이 발생하고 있다. 앞으로 지식재산이 무형자산으로서 점점 더 중요해질 것이다.

이 책은 교양 교과목 '발명과 특허', '저작권과 스마트폰의 이해' 수업을 위한 교재 목적으로 작성되었다. '발명과 특허' 수업은 건국대에서 우수 이러닝(e-learning) 수업으로 진행되어 정규 학기와 계절학기에서 수백 명의 학생이 수강하고 있다. '저작권과 스마트폰의 이해' 수업은 2015년부터 서울권역 이러닝 수업으로 진행되고 있다. 학생들은 전문적으로 법을 배우지 않은 학생이 대부분이다. 전공은 이공계를 포함하여 인문사회부터 예체능 전공 학생들이 수강하고 있다. 학생들이 특허나 저작권을 궁금해하면서도 일반적인 「특허법」이나 「저작권법」 교재가 너무 어렵고

법적인 내용이 많아 될 수 있는 대로 법적인 내용은 적게 하였다. 법학을 공부하지 않은 학생들이 최소한으로 알아야 할 내용을 쉽게 이해할 수 있도록 작성하였다. 법령의 조문은 적게 쓰고, 너무 어려운 내용이나 복잡한 내용도 생략하였다. 기본적인 틀을 제공하여 특허, 상표, 디자인, 영업비밀, 저작권 등의 이론을 쉽게 접하도록 하였다. 단순히 법 해설 내용보다 특허경영 · 특허출원 전략도 논의하고, 특허의 창출 · 보호 · 활용을 위한 내용, 저작권의 창출과 활용 내용을 담고 있다.

이 책이 지식재산을 처음 공부하는 학생들에게 도움이 될 수 있기를 기대한다.

2023년 12월

일감호가 보이는 연구실에서

정연덕

차례

CHAPTER 01 지식재산

CHAPTER 02

특허 창출

CHAPTER 03

특허 보호

CHAPTER 04 특허 활용

CHAPTER 05

저작물과 저작자

CHAPTER 06 저작권과 저작인접권

CHAPTER 07

저작권 침해

CHAPTER 01

지식재산

SECTION I

지식재산

1 지식재산이란 무엇인가?

(1) 지식재산의 의의

지식재산(Intellectual Property: IP)은 사람, 물건, 토지 등 유형자산과는 달리 형태가 없는 무형자산이다. 지식재산은 인간의 창조적 활동 또는 경험 등에 의하여 창출되거나 발견된 지식 · 정보 · 기술, 사상이나 감정의 표현, 영업이나 물건의 표시, 생물의 품종이나 유전자원, 그 밖에 무형적인 것으로서 재산적 가치가 실현될 수 있는 것을 말한다.[1]

지식재산권(Intellectual Property Rights: IPR)은 문학 · 예술 과학적 저작물, 실연자의 실연, 음반 및 방송, 인간 노력에 의한 모든 분야에서의 발명, 과학적 발견, 디자인, 상표, 서비스표, 상호 및 기타의 명칭, 부정경쟁으로부터의 보호 등에 관련된 권리와 그 밖의 산업 · 과학 · 문학 또는 예술 분야의 지적 활동에서 발생하는 모든 권리를 포함한다.[2]

---

1 「지식재산기본법」 제3조(정의) 제1호.

(2) 연구개발(R&D)과 지식재산권(IPR)

연구개발(Research & Development) 단계는 기초연구 · 응용연구 · 개발연구로 구분된다. 기초연구는 특허와 관계가 약하고, 응용 · 개발연구는 특허와 관련이 많다. R&D 기획 단계부터 특허를 염두에 두어 특허가 창출되기도 하지만, R&D 수행 과정에서 생각하지 못한 특허가 창출되기도 한다. R&D 기획 단계부터 특허를 염두에 두면 선행기술조사 및 특허동향조사를 통해 기존의 특허보다 발전되거나 또는 기존 특허를 우회하여 새로운 기술을 개발할 수 있다. R&D 수행 과정에서 자연스럽게 또는 우연히 새로운 아이디어나 기술이 탄생하여 특허를 취득하게 된다.

2 지식재산권의 종류

(1) 지식재산권의 분류

기업이 보유한 지식재산은 특허나 상표 등의 형태로 권리화된다. 지식재산권은 특허권 · 실용신안권 · 저작권 · 식물신품종권 등 다양하다. 지식재산권은 크게 산업재산권(특허 · 실용신안 · 상표 · 디자인권)과 저작권(저작인격권 · 저작재산권)으로 구성된다. 산업재산권은 특허권 · 실용신안권 · 상표권 · 디자인권을 총칭하는 것으로 특허청에 출원하여 등록받음으로써 배타적 독점권이 부여된다. 저작권은 저작인격권과 저작재산권으로 나누어진다. 저작인격권은 저작물(인간의 사상 또는 감정을 표현한 창작물)과 관련하여 저작자의 명예와 인격적 이익을 보호한다. 저작재산권은 저작자의

---

2 세계지식재산기구(WIPO)의 설립조약 제2조 제8항.

경제적 이익을 보전한다.

자동차를 예로 들면, '엔진'이나 '트랜스미션' 같은 주요한 기술은 특허로 보호받을 수 있다. 개량의 정도가 낮은 '자동차용 햇빛 가리개'나 '부재중 전화번호 알림판' 등과 같은 액세서리 기술은 실용신안으로 보호받을 수 있다. 자동차의 형상이나 모양, 색채 등은 디자인으로, 자동차에 붙여진 상품 로고나 마크 등은 상표로서 보호받을 수 있다.

특허권은 새로운 기술적 사상을 보호대상으로 한다. 발명자는 해당 기술 분야에서 통상의 지식을 가진 사람이 쉽게 실시할 수 있도록 발명의 구성과 효과를 기재하여 출원 · 공개한다. 특허청의 심사를 거쳐 등록되면 출원한 날로부터 최대 20년이 되는 날까지 독점 배타권을 인정받게 된다.

저작권은 논문 · 사진 · 소프트웨어 등 인간의 사상이나 감정을 표현한 창작물을 보호대상으로 한다. 아이디어가 아닌 구체적으로 외부에 표현한 형식을 보호대상이다. 저작권은 저작자의 사망 후 70년까지 권리가 보호된다. 이 밖에 인터넷 등을 이용한 비즈니스 모델 특허와 영업비밀도 기업의 경쟁력 확보에 매우 중요한 지식재산으로 활용되고 있다.

3 특허의 종류

(1) 컴퓨터 관련 발명과 BM 특허

컴퓨터 관련 발명은 발명 실시에 컴퓨터 · 소프트웨어를 필요로 하는 발명이다. 예를 들면 클라우드컴퓨팅 · 빅데이터 · 데이터베이스 · 인터넷보안 · 모바일 앱 관련 발명이다. 컴퓨터 관련 발명은 소프트웨어(SW) 특허와 영업 방법(Business Method 또는 Business Model: BM) 발명으로 구분할 수 있다. 소프트웨어(SW) 특허는 컴퓨터로 처리할 수 있는 일의 순서와 방법을 지시하는 명령어의 집합인 SW에 사용된 기술 또는 방법이 등록된 특허이다. SW는 저작권으로 보호될 수 있는데 저작권은 SW에 사용된 표현 그 자체를 보호대상으로 한다.

영업 방법 특허는 사업 아이디어를 컴퓨터 · 인터넷을 통하여 구현한 기술 또는 방법이 등록된 특허를 말한다. BM 발명은 SW에 의한 정보처리가 컴퓨터를 통하여 구체적으로 실현되어야 특허의 대상이 된다. BM 특허는 일반적인 기술 특허와는 달리 비즈니스 기법이나 프로세스의 발명에 대해 주어지는 특허이다. 1998년 미국에서 투자신탁의 운용에 관한 특허[허브 앤 스포크(Hub and Spoke) 특허]의 유효성이 인정된 이후부터 특허출원과 권리화가 급증하고 있다. 유명한 BM 특허의 예로는 인터넷 서점인 아마존닷컴에 의한 '원 클릭 특허'가 있다. 최초 사용 시에 신용카드 번호와 배송지 등의 개인 정보를 한번 입력해 두면 이후에는 간단한 조작만으로 인터넷 쇼핑이 가능한 방법이다.

Ex **BM 특허(국내 사례)**

발명의 명칭: 특허풀 기반의 자금조달 시스템 및 방법(SYSTEM AND METHOD FOR FUND RAISING BASED ON PATENT POOL)
출원번호(출원일): 1020060128698 (2006. 12. 15.)
등록번호(등록일): 1008545350000 (2008. 8. 20.)
특허권자(발명자): 건국대학교 산학협력단 (정연덕)
발명의 내용: 특허풀 기반의 자금조달 시스템 및 방법을 제공한다. 특허풀 기반의 자금조달 시스템 및 방법은 특허풀에 대한 기대 수익을 평가하여 특허풀 상품을 설계하고, 설계된 특허풀 상품에 대한 판매 대금을 기초로 상기 특허풀에 가입한 개별 특허에 대한 배당 수익을 계산한다. 계산된 배당 수익은 개별 특허를 소유한 특허권자에게 지급되는데, 그 결과 특허권자의 유동성 문제가 완화될 수 있다.

(2) 원천특허와 개량특허

원천특허는 특정 기술을 실시함에 있어서 꼭 사용할 수밖에 없는 원천기술과 관련된 특허이다. 원천기술은 제품을 생산하는 데 있어서 필요한 핵심기술이고 다른 기술에 의존하지 않는 독창성을 지녀야 한다. 그로부터 다수 응용기술을 만들어 낼 수 있는 생산성이 있다. 이러한 기술이 특허등록되면 원천특허라 할 수 있다.

Ex 퀄컴(Qualcomm)의 CDMA 원천기술

1990년 한국전자통신연구원(ETRI)은 최초로 CDMA(코드분할다중접속: Code Division Multiple Access) 기술의 상용화에 성공하였다. 퀄컴은 디지털 무선통신 서비스의 핵심인 CDMA 원천기술을 개발하여 이를 독점 공급하는 글로벌 정보통신업체이다. CDMA의 원천기술은 대부분 퀄컴이 보유하고 관련된 CDMA 원천특허, 통신 칩세트 등 1,600건을 보유하고 있었다. ETRI가 상용화 기술을 개발해도 퀄컴의 원천특허를 피해 가는 방법은 없었다. CDMA 기술을 이용하는 삼성 등은 휴대전화 단말기 제조에 있어 퀄컴사에 막대한 로열티(기술사용료)를 지급해 왔다.

개량특허는 기존 특허를 토대로 단점을 극복하거나, 성능을 좋게 하는 등 기술적 가치를 더 크게 만드는 방법으로 진보성을 인정받는 특허이다. 기존 특허와 다른 진보성을 입증하는 것이 중요하다.

(3) 물질특허

물질특허는 화학적 · 생물학적 방법에 따라 제조된 유용성을 가진 새로운 물질에 부여되는 특허이다. 물질특허의 대상은 일반적 화학물질 이외에도 유전자 · DNA 단편 · 단백질 · 미생물 등을 포괄한다.

(4) 표준특허

표준특허란 표준기술을 구현하기 위해 반드시 실시하여야 하는 특허이다. 표준특허는 특허 청구항(Claim)의 구성요소 중 하나 이상이 표준규격에서 그대로 읽히는(Read On) 특허이다. 특허를 침해하지 않고는 표준을 실행할 수 없도록 설계된 특허를 말한다. 표준이 통용되는 지역적 범위를 기준으로 표준을 구분하면 국제적으로 통용되는 국제표준, 특정 지역에서 통용되는 지역표준, 해당 국가에서만 활용되는 국가표준이 있다.

표준이 중요한 것은 국가와 단체에서 따르기로 합의한 약속이기 때문이다. 우수한 기술력을 바탕으로 제조된 제품이라도 표준을 따르지 않으면 시장에서 경쟁력이 없다. 예를 들면 시장의 요구로 현재 Micro USB와 Micro USB-C라는 국제표준으로 합의하여 편리하게 사용하고 있다. 핸드폰 충전기의 규격도 표준에 따라 사용한다. 각종 표준화 기구를 통해 정해진 표준을 의미하는 공식 표준(De jure Standard)과 강력한 시장 지배력을 바탕으로 표준과 같은 영향력을 행사하는 사실 표준(De facto Standard)으로 구분하기도 한다. 대표적인 사실 표준의 사례로 Microsoft의 Windows 등이 있다.

표준특허가 중요한 이유는 표준으로 제정된 기술은 시장에 큰 영향을 미친다. 표준특허는 표준으로 정해진 기술을 후발주자로부터 보호할 수 있고 표준을 따르는 기업으로부터 표준특허 사용에 따른 기술료를 받을 수 있어 지속적인 수익을 보장한다.

Ex LG 전자의 제니스사 인수

LG전자는 미국 디지털방송 관련 표준특허를 보유한 제니스(Zenith)사를 인수하여 2008년 약 1억 달러(약 1,200억 원)의 기술료 수익을 창출하였다. 이는 시장이 형성되지 않았던 기술 분야의 표준특허 보유기업을 인수하는 과감한 투자를 통해 시장형성 이후 수익을 창출한 대표적인 사례이다.

표준특허에서 중요한 것은 FRAND(Fair, Reasonable And Non-Discriminatory) 규정이다. FRAND는 "공정하고, 합리적이고, 비차별적인"을 줄인 말이다. 표준이 된 특허기술의 권리자가 경쟁사에 차별적인 사용조건을 적용하여 발생할 수 있는 불공정행위를 방지하는 것을 목적으로 한다. 삼성과 애플의 스마트폰 분쟁에서 삼성은 애플이 이동통신 표준 관련 특허를 침해했다고 주장했다. 애플 측은 국제 이동통신표준화기구(3GPP)가 표준으로 채택하기 전에 관련 기술을 공개해야 한다는 의무를 지키지 않았다고 주장했다. 애플 측은 또 표준특허에 대해서는 공정하고 합리적이며, 비차별적(FRAND)으로 라이선스할 의무가 있다고 강조했다. 이처럼 표준특허는 특허소송에서 중요성이 높아지고 있다.

일반적으로 FRAND 선언이 있었다는 사정만으로 표준특허권자의 침해금지청구권 행사가 금지된다고 보아야 할 이유는 없으나, 기술의 공유 및 사회적 확산을 목적으로 하는 기술표준 본질적 특성에 비추어 표준특허에 근거한 침해금지청구권 행사는 원칙적으로 허용되지 않는다.[3] 관련 산업이 표준기술에 고착된 다음 표준특허 보유자가 FRAND 확약에 위반하여 과도하게 실시료를 요구하고 이에 응하지 않는 경우에 특허침해 금지 등을 통하여 다른 사업자를 위협하는 이른바 특허 위협 문제는 대부분 표준 채택의 과실분배에 관한 경제적 이해조정의 문제에 해당한다.[4]

---

3 송재섭, "표준특허에 근거한 권리행사의 한계: 침해금지청구권과 손해배상청구권을 중심으로", 한국법학원, 『저스티스』 140, 2014. 2, 210면.

4 박영규, "삼성과 애플의 분쟁에 대한 경제적, 특허법적 그리고 경쟁법적 고찰: 표준특허, FRAND 조건을 중심으로", 한국비교사법학회, 『비교사법』 19(4), 2012. 11, 1385면.

SECTION II

특허와 다른 권리 비교

1 실용신안권

(1) 정의

실용신안권은 인간 생활에 유용한 새로운 물품을 창작하였지만 특허 부여에 필요한 기술적 진보 또는 발명의 고도성 기준에 달하지 못한 소(小)발명을 짧은 기간 동안 간이·신속하게 보호하기 위한 권리이다.

(2) 등록요건

실용신안권도 특허요건과 동일하게 산업상 이용 가능성, 신규성, 진보성을 판단한다. 다만, 진보성 판단 시 특허는 '기술적 사상의 창작으로서 고도한 것'을 요구하지만, 실용신안은 '기술적 사상의 창작'으로서 고도하지 않아도 된다는 차이가 있다.

(3) 보호대상

「실용신안법」이 보호대상으로 삼고 있는 것은 산업상 이용할 수 있는 물품의 형상 · 구조 또는 이들의 조합에 관한 고안이다. 고안은 물품에 구현된 공간적 형태로 완성되어야 한다는 점에서 기계장치나 실생활에 쓰이는 기구 등의 물건을 대상으로 하며 반드시 도면이 필요하다. 고안은 고도성(高度性)이 요구되지 않는다는 점에서 자연법칙을 이용한 기술적 사상의 창작으로서 고도한 것을 요구하는 발명과는 구별된다. 실용신안 등록에 고도성이 요구되지 않는다는 것은 고도한 고안을 제외한다는 의미가 아니라 고안의 경우에는 그 수준의 고저(高低)를 묻지 않고 실용신안등록의 대상이 될 수 있다.

(4) 존속기간

실용신안권은 등록되면 출원일로부터 10년간 존속된다.

2 디자인권

(1) 정의

「디자인보호법」 제2조 제1호에서는 디자인이란 '물품(물품의 부분, 글자체 및 화상을 포함한다. 이하 같다)의 형상 · 모양 · 색채 또는 이들을 결합한 것으로서 시각을 통하여 미감(美感)을 일으키게 하는 것'으로 규정한다. 독립거래의 대상이 되는 유체 동산인 물품의 외관에 관한 창작을 디자인이라고 할 수 있다. 디자인은 ① 물품과 결합되어 있어야 하고, ② 형상 · 모양 · 색채 또는 이들을 결합한 것이므로 구체적인 형태를 가져야 하고, ③

시각을 통하여 인식할 수 있어야 하고, ④ 미감을 일으켜야 한다.

(2) 등록요건

디자인으로 등록되기 위해서는 공업상 이용 가능성, 신규성, 창작 비용이성이 필요하다. 공업상 이용 가능성은 공업적으로 동일물을 양산할 수 있는 것을 의미하고, 신규성은 이미 공개되어 공유자산이 된 디자인과 다른 새로운 것을 의미하며, 창작 비용이성은 디자인 출원 전에 그 디자인이 속하는 분야에서 통상의 지식을 가진 자가 공지된 디자인의 결합에 의하거나 국내외에서 널리 알려진 형상 · 모양 · 색채 또는 이들의 결합에 의하여 용이하게 창작할 수 없는 것이다.

(3) 보호대상

디자인은 완성품은 물론 물품의 부품이라 할지라도 호환성이 있고 독립적으로 거래의 대상이 되면 보호대상이 된다.

(4) 존속기간

디자인권은 등록되면 출원일로부터 20년간 존속된다.

3 디자인 특유 제도

(1) 관련 디자인 제도

자기의 등록 디자인이나 디자인등록출원한 디자인(기본 디자인)에 물품의 형상, 모양, 색채 등을 변경한 디자인을 등록함으로써 디자인권의 모방, 도용을 사전에 방지할 수 있는 제도이다.

(2) 한 벌 물품 디자인 제도

2 이상 물품의 조합에 관한 디자인을 하나의 디자인으로 등록받을 수 있는 것으로, 한 벌로 동시에 사용되는 물품이어야 한다. 전체적인 통일성이 있어야 하며 한 벌의 물품의 디자인에는 그 전체로서 하나의 디자인권이 발생한다(예: 한 벌의 다기 세트, 한 벌의 사무용 가구 세트, 한 벌의 여성용 한복 세트 등).

(3) 비밀디자인 제도

출원 시 출원인의 신청이 있는 경우에는 디자인권 설정등록일로부터 3년 이내의 기간 디자인 공보 등에 공고하지 아니하고 비밀상태로 둘 수 있도록 한다. 출원인이 일정 기간 출원디자인을 비밀로 함으로써 타인의 침해를 방지하고 사업화에 대한 준비기간을 선택할 수 있도록 하는 제도이다. 비밀로 할 수 있는 기간은 3년 내의 기간에서 이를 단축하거나 연장할 수 있다. 비밀디자인에 대한 침해 발생 시에는 침해자에게 사전 경고 후 권리행사를 할 수 있다.

(4) 디자인 일부 심사 등록제도

기호품, 의복, 사무용품 등 등록률이 높거나 라이프사이클이 짧은 일부 품목(의류 및 패션잡화용품, 섬유제품, 인조 및 천연시트 직물류, 문장구, 사무용품, 미술재료)에 대하여는 실체적 요건 일부에 대하여만 심사하여 심사에 소요되는 기간을 대폭 줄일 수 있는 효과가 있는 제도이다. 일부 심사로 등록된 디자인에 대하여서는 누구든지 설정등록이 있는 날부터 디자인 일부

심사등록 공고일 후 3월이 되는 날까지 이의신청을 할 수 있다. 이의신청이 이유가 있다고 인정될 때에는 심사관 3인 합의체의 취소결정으로 등록 디자인을 취소할 수 있다.

(5) 복수디자인등록출원 제도

물품류 구분에서 같은 물품류에 속하는 물품에 대하여는 100 이내의 디자인을 1 디자인등록출원(이하 "복수디자인등록출원"이라 한다)으로 할 수 있다. 이 경우 1 디자인마다 분리하여 표현하여야 한다.

(6) 부분디자인 제도

물품의 부분(예: 가위의 손잡이 부분, 안경테의 귀걸이 부분 등)에 관한 디자인도 등록을 받을 수 있도록 한 제도이다. 부분디자인의 도면은 부분디자인으로 등록을 받으려고 하는 부분을 실선으로 표현하고, 나머지 부분은 파선 등을 사용하여 표현한다. 부분디자인 제도는 디자인에서 가장 특징적인 창작 부분에 대해서만 권리범위를 설정함으로써 물품의 다른 부분의 형상이 다르더라고 부분디자인의 권리 부분이 동일 또는 유사한 경우 권리침해를 주장할 수 있어 폭넓게 보호받을 수 있는 장점이 있다.

4 상표권

(1) 정의

상표는 자기의 상품(지리적 표시가 사용되는 상품의 경우를 제외하고는 서비스 또는 서비스의 제공에 관련된 물건을 포함한다)과 타인의 상품을 식별하기 위하여 사용하는 표장(標章)을 말한다. 표장이란 기호, 문자, 도형, 소리, 냄새, 입체적 형상, 홀로그램 · 동작 또는 색채 등으로서 그 구성이나 표현방식에 상관없이 상품의 출처(出處)를 나타내기 위하여 사용하는 모든 표시를 말한다. 상표권은 상표사용자의 신용 유지를 통한 산업발전과 수요자의 이익 보호를 목적으로 한다.

(2) 등록요건

상표는 타인의 상표와 구별할 수 있는 식별력이 있어야 등록상표로서 보호받을 수 있다. 그러나 식별력이 없는 상표라도 출원 전에 상당 기간 사용한 결과 그 상표가 수요자 간에 누구의 업무와 관련된 상품을 표시하는 것인지 현저히 인식된 상표는 그 상품에 한정하여 상표등록을 할 수 있다.

(3) 존속기간

상표권은 등록되면 등록일로부터 10년간 존속되며, 갱신등록신청을 통해 10년마다 갱신할 수 있다.

(4) 상표의 유사 대비

상표의 유사란 대비되는 두 상표가 동일 또는 유사한 지정상품에 사용된 경우에 상품의 출처에 관하여 일반수요자가 오인, 혼동을 일으키는 염려가 있는 것을 말한다. 상표가 유사하기 위해서는 원칙적으로 상표의 속성인 외관 형상이 유사하거나, 호칭이 유사하거나 의미가 유사하여야 한다.

두 상표를 대비할 때에는 시간과 장소를 달리하여 관찰할 경우 두 상표를 대하는 일반수요자가 두 상표를 혼동하는가, 또한 상표 일부분이 아닌 전체적으로 관찰하여 두 상표가 혼동되는가를 원칙으로 한다. 지정상품의 유사는 대비되는 두 상품의 객관적인 속성, 상품의 품질, 용도, 원재료, 제조 방법의 공동성 제조장소나 판매점 등이 현실로 공통되는가에 따라 거래사회에서 현실적으로 두 상품이 오인, 혼동을 일으킬 염려가 있는지를 판단하여야 한다.

5 저작권

(1) 저작물

인간의 사상 또는 감정을 표현한 창작물을 말한다.

(2) 저작자

「저작권법」상 저작자는 자연인이 되는 것을 원칙으로 한다. 다만, 예외적으로 법인 · 단체 그 밖에 사용자("법인 등")의 기획하에 법인 등의 업무에 종사하는 자가 업무상 작성하는 저작물에 대해서는 법인을 저작자로 의제하고 있으며, 이러한 저작물을 업무상 저작물이라고 한다.

(3) 저작물 성립요건

「저작권법」에서 인정하는 저작물은 문학 · 학술 또는 예술의 범위에 속하는 창작물로서 저작권으로 보호받기 위해서는 ① 인간의 사상 또는 감정을 표현한 것으로, ② 창작성이 있어야 한다. 창작성은 남의 것을 모방하지 않고 작가 자신의 독자적인 사상 또는 감정의 표현을 담고 있음을 의미하는 것으로 높은 수준의 창작성이 요구되는 것은 아니다.

(4) 보호대상

「저작권법」은 표현된 것을 보호하는 것이지 그 아이디어 자체를 보호하는 것은 아니다. 따라서 아이디어의 표현만 독창적이면 된다. 예를 들면, 요리책을 그대로 복사하는 행위는 저작권 침해가 되지만 요리책 속에 쓰인 방식대로 요리하는 것은 저작권 침해가 아니다.

(5) 저작물의 등록

저작물은 산업정책적인 의미는 없어 특허, 실용신안, 디자인 및 상표와 같은 권리취득을 위한 출원 및 등록은 저작권의 권리발생요건이 아니다. 저작권의 경우 창작과 동시에 발생한다. 등록을 필요로 하지 않는 무방식주의를 채택한다. 저작권위원회에 저작권을 등록하는 경우 법정 추정력 · 대항력이 발생하여 분쟁 시 권리자가 입증책임을 면할 수 있다.

6 컴퓨터 소프트웨어(SW)

(1) SW의 표현(저작권)

「저작권법」에 따라 컴퓨터 프로그램(SW)의 표현을 저작권으로 보호할 수 있다. 컴퓨터 프로그램 저작물은 특정한 결과를 얻기 위하여 컴퓨터 등 정보처리능력을 갖춘 장치 내에서 직접 또는 간접으로 사용되는 일련의 지시 · 명령으로 표현된 창작물이다. 저작권에 의한 컴퓨터 프로그램(SW)의 보호는 불법복제 방지에 효과적이나 SW에 포함된 아이디어 · 기능 등 SW 기술은 보호할 수 없다.

(2) 프로그램 저작물의 등록

컴퓨터 프로그램도 저작권의 일종으로서 등록하지 않아도 권리는 발생한다. 그러나 권리의 귀속에 대하여 분쟁이 발생하는 경우 재판과정에서 자시가 사용하고 있는 프로그램을 특정하거나 창작된 일시 등을 입증하는 것이 중요하므로 등록제도를 활용하는 것이 일반 저작물 이상으로 의미가 크다. 프로그램 저작물 등록 신청 절차는 한국저작권위원회에서 가능하다.

(3) SW의 기술(특허권)

컴퓨터 프로그램(SW)에 사용되는 기술(예: 인터넷 동영상 기술, 데이터 압축 기술)은 하드웨어와 결합하면 특허로 보호할 수 있다. 예를 들면, SW를 기록한 컴퓨터로부터 읽을 수 있는 기록매체는 SW의 기능을 실현할 수 있게 하는 매체와 SW 간의 구조적 · 기능적 상호관계를 정의하고 있으면 특허의 대상이 될 수 있다.

7 영업비밀

(1) 정의

영업비밀은 공공연히 알려져 있지 아니하고 독립된 경제적 가치를 가지는 것으로서 합리적인 노력으로 비밀로 유지된 생산 방법 · 판매 방법 기타 영업활동에 유용한 기술상 또는 경영상의 정보를 말한다.

영업비밀에는 생산 방법이나 영업활동에 유용한 기술정보뿐 아니라 판매 방법이나 경영정보도 포함된다. 기술정보는 설계 방법 · 설계도면 · 실험데이터 · 제조기술 등을 말하고, 경영정보는 고객명부 · 거래처명부 · 판매계획, 제품의 할인 시스템, 부기 방법, 사무실 관리 방법 등이 포함된다.

(2) 보호요건

산업기술이 영업비밀로 인정되기 위해서는 ① 보유주체의 영업활동에 유용한 것이어야 하고, ② 그 기술이 공지되어 있지 말아야 하며, ③ 상당한 노력으로 비밀로 유지되고 있어야 할 뿐만 아니라, ④ 독립된 경제적 가치를 지니는 것이어야 한다.

Ex 영업비밀의 예시

KFC 치킨의 양념 비법이나 코카콜라 원액 제조 방법을 영업비밀로 유지하면 비밀이 공개되지 않는 한 독특한 맛을 독점 생산할 수 있다. 특허로 등록하면 존속기간이 종료된 경우 그 이후 누구나 생산할 수 있다.

SECTION Ⅲ

지식재산 경영

1 지식재산 경영

(1) 기업 특허전략

작은 벤처기업에 불과했던 미국의 퀄컴이 CDMA 특허로 우리나라에서 5조 원 이상의 기술사용료를 받았고 세계 최고 수준의 이동통신 전문기업으로 성장하였다. 현재도 스마트폰 관련 다양한 특허를 보유하고 있다. 특허경영과 특허전략은 경영에 있어 결코 빠질 수 없는 핵심적인 키워드가 되었다.

우리나라 삼성전자는 1990년대 중반부터 특허출원을 양에서 질로 전환하고, 강한 특허 즉, 표준특허와 원천특허를 확보하는 전략을 구사하면서 R&D 부문과 특허 부문이 적극적으로 협조하도록 하였다.

(2) 특허 보호를 소홀히 한 예

최근 국내외를 불문하고 기업경영에서 특허와 같은 지식재산권의 중요성이 증대하여 분쟁이 증가하고 있다. 과거에 주로 대기업이나 규모가 큰 중견기업에 국한되던 특허분쟁이 이제는 중소기업에까지 확산되었다. 거대 외국기업이나 특허괴물이라고 불리는 NPE(Non-Practicing Entity: 특허를 수익창출의 수단으로 사용하는 비제조 특허 전문회사)는 돈이 된다면 중소기업에 특허소송을 제기고 있다. 반면에, 국내 중소기업 중에서도 자신이 보유한 특허나 디자인, 상표에 대한 권리를 침해당하는 경우에는 적극적으로 권리행사에 나서는 경우가 많아졌다.

엠피맨닷컴은 2001년 세계 최초로 MP3 플레이어를 개발하여 원천기술에 대한 특허권을 취득하였다. MP3 플레이어에 활용되는 파일 압축 기술은 1980년 초 독일의 프라운 호프가 개발했으나 이를 오디오에 최초에 이용한 것은 엠피맨닷컴이었다. 우수한 기술을 가지고 있으나, 후발 주자들이 특허무효소송으로 시간을 벌면서 특허기술을 무단으로 사용하는 것에 제대로 대응하지 못하여 레인콤에 인수되었다. 원천기술을 개발하더라도 지식재산의 전략적 가치를 소홀히 하면 특허가 무효가 되기도 하고 다른 기업, 기관이 이를 매집하여 기업을 공격하는 수단이 될 수 있다.

(3) 중소기업 특허전략

다양한 특허를 확보해야 기술과 특허 전쟁에서 성공적인 방어와 공격을 구사할 수 있다. 특허전략은 특허의 창출, 관리, 활용 측면에서 이루어져야 한다. 특허 창출은 발명을 통한 자체적 창출만이 아니라 특허 매입, 기업 인수 · 합병 등을 통해서도 할 수 있다. 특허관리 측면에서는 기업이 보유한 특허만을 관리하는 것이 아니라 경쟁사 보유 특허를 모니터링하고 대응 방안을 만들어야 한다. 특허전략의 수립과 특허 포트폴리오 구축에 있어 관련 시장규모, 제품출시 시기, 라이프사이클 등을 고려하여 차별화가 필요하다.

특허출원 단계에서 시장변화에 따라 청구항이 재조정(Re-position)되도록 하며, 특허 포트폴리오 구축에 있어서 반드시 자사에서 창출된 발명만을 토대로 하는 것이 아니라 사업전략상 필요하다면 외부 특허권을 매입하여야 한다. 외부로부터 특허권 확보 방법은 특허권 자체를 매입하는 방법도 있고, 매입대상 특허권을 가지고 있는 회사를 M&A를 하는 방법도 있다.

기업은 지속적으로 특허공개공보를 모니터링하여 해당 기술 분야에서 경쟁사 또는 신규참여자가 어떤 특허활동을 하고 있는지 파악하도록 하며, 문제가 될 우려가 있는 특허출원이 파악되면 적극적으로 정보제공을 하여 경쟁사 특허등록이 저지되거나 적어도 특허권의 보호범위가 지나치게 넓게 등록되지 않도록 한다.

중소기업의 입장에서 선택할 수 있는 특허획득 전략으로는 거들(Girdle) 전략, 블랭킹(Blanking) 전략, 특허홍수(Patent Flooding) 전략, 펜싱(Fencing) 전략 등이 있다. 이 중에서 거들 전략은 경쟁사의 선행 특허를 에워싸는 형태로 개량 특허를 획득하여 경쟁사로 하여금 제품의 상업화에 제동을 거는 전략이다. 블랭킹 전략은 자사의 개발방향과 관련된 기술에 대해 대량으로 특허권을 획득하여 경쟁사가 비집고 들어올 틈을 주지 않는 전략이다. 특허홍수 전략은 경쟁사가 보유하고 있는 특허의 사소한 변형들에 대한 특허를 대량으로 획득하여 경쟁사의 특허에 대하여 포위망을 구축함으로써 경쟁사에 대하여 수적 우세를 통하여 경쟁력을 확보하는 전략이다. 펜싱 전략은 경쟁사의 특허 분석을 토대로 앞으로 경쟁사가 개발할 가능성이 있는 개량 특허를 미리 선점하는 전략이다.

2 특허괴물

(1) 레멜슨 특허

미국의 Jerome H. Lemelson(이하 레멜슨)은 특허괴물(Patent Troll)의 대부로 불린다. 레멜슨은 약 40년 동안 평균 1달에 1개의 특허를 취득하여 총 558개의 특허를 취득하였다. 1954년 바코드 스캐닝에 관한 발명을 출원한 후 1993년까지 출원 내용을 지속해서 보정해 개량 특허를 취득하였다. 1989년에 자동차업계가 바코드 시스템을 채용하면서 레멜슨은 자동차업계에 대해 보유 특허를 이용해 로열티를 받았고, 죽기 전까지 받은 로열티는 총 15억 달러에 달한다. 레멜슨이 죽은 후, 레멜슨 재단은 특허들을 양도받아 지속해서 특허침해소송을 제기하고 있다.

(2) NPEs

특허전문기업(Non-Practicing Entities: NPEs)은 특허기술을 이용하여 상품의 제조 · 판매나 서비스 공급은 하지 않으면서 특허를 실시하는 자 등에 대한 특허권의 행사를 통하여 수익을 창출하는 것을 활동으로 하는 사업자를 말한다. 특허전문기업은 특허를 소유하지만, 생산이나 실시를 하지 않기 때문에 NPE(Non Practicing Entity)라고 부르며, 기술이전 또는 소송을 통해 수익을 창출하는 전략을 구사한다. 미국의 경우 통신 분야 기업을 대상으로 조사한 결과 2003~2008년 특허분쟁의 76%가 이들 특허전문기업에 의한 소송으로 나타났다. 대표적인 특허전문기업으로는 인터디지털, 인텔렉추얼벤처스(IV) 등이 있으며, 제조회사들을 상대로 무차별적인 소송을 제기하여 막대한 금전적 이득을 취하여 흔히 '특허괴물'이라고도 한다.

NPEs는 개인 · 중소기업 · 연구기관과 같이 특허권을 행사할 역량이 부족하거나 스스로 특허를 사업화할 의사가 없는 자의 특허를 매입 · 관리하는 등의 방법으로 이들이 정당한 기술료를 받을 수 있도록 하여 발명의 유인을 제공하고, 특허가 있어야 하는 자에게 특허권이 이전될 수 있도록 중개인의 역할을 하여 특허기술의 거래를 활성화하고 특허권의 자본화 · 유동화에 이바지할 수 있다.

NPEs는 다량의 특허를 보유하면서 기업을 상대로 고의로 특허분쟁을 유발하고 손해배상을 요구하는 등 특허권을 남용할 우려도 있어 특허괴물로 불리기도 한다. NPEs는 보유하고 있는 특허를 실시(Practicing)하지는 않으며, 따라서 특허와 관련된 기술이나 상품 등을 연구 또는 개발하지 않는다.

NPEs는 특허발명을 활용 가능한 상품이나 공정 등으로 전환하는 과정에서 아무런 이바지를 하지 않는다. NPEs는 관련 산업에 참여하고 있는 기업들이 되돌릴 수 없을 만큼 투자를 할 때까지 기다렸다가 특허권을 주장하는 경우가 빈번하다.

NPEs는 특허침해 문제를 제기해 특허사용료나 합의금을 받으려는 목적으로만 특허를 취득한다. NPEs는 실제로 상품을 생산 · 판매하지 않는 비실시기업이라는 지위를 소송전략으로 활용하는데, 이런 지위는 NPEs가 맞소송을 당할 가능성을 낮게 하는 요인이다. NPEs는 특허청구항의 범위가 명확하지 아니한 특허를 취득해 불특정 기업들을 상대로 동시에 특허 주장을 하며 이렇게 특허침해 혐의를 받는 기업 중에 일부가 불확실하고 비용이 드는 소송을 진행하기보다는 합의할 것이라고 기대한다.

(3) 특허괴물의 전략

특허괴물이란, TechSearch와 Intel의 특허소송(1999)에서 변호사인 Peter Detkin이 사용한 용어로 특허를 실시할 의도도 없으면서 특허를 이용해 돈을 비는 기업 및 사람을 빗대어 표현하였다. 특허를 침해한 기업 상대로 특허에 대한 로열티를 요구한다. 목표한 기업이 라이선스를 거부하면 소송을 제기하여 기업의 제품 생산, 판매를 막고 기업의 급박한 상황을 이용하여 막대한 보상금을 합의한다.

오션토모는 지적재산을 이용해 M&A, 투자, 가치평가, 전문가 분석, IP 경매에 관한 지식재산 관련 컨설팅 업무를 수행하며, 전문 컨설팅 서비스, 가치평가 서비스, 투자 서비스, 위험관리 서비스 등을 실행한다. 아카시아 리서치는 실패한 벤처기업을 인수하여 특허 포트폴리오를 분석하고 라이선싱 가능한 특허를 선별하여 로열티 수익을 올리고 향후 라이선스를 체결할 가능성이 있는 회사에 특허소송 관련 자료를 보내 라이선스 협약 체결을 유도하고 있다.

Intellectual Ventures(이하 IV)는 아이디어라는 무형의 자산에 투자하여, 개인 또는 기관이 보유한 발명의 아이디어를 매입하여 금액을 지불한다. Microsoft Corporation의 CTO이자 최고 소프트웨어 설계자였던 Edward Jung, Perkins Coie 로펌의 파트너였던 Greg Gorder, Intel Coporation의 부사장이며 최초로 'Patent Troll'이라는 용어를 사용했던 Peter Detkin이 설립자이다. IV사는 폐업한 기업, 개인, 발명가 및 다른 사람들로부터 특허를 사들이면서 대학, 연구소로부터 특허를 매입하였다. 발명의 아이디어 매입 후, 합의된 금액의 대가를 지불하게 되며 앞으로 그 아이디어가 발명으로서 특허화되고 이를 통해 수익이 발생하게 되면 그동안 발생한 비용은 먼저 처리한 후, 수익에 대해서

IV와 발명가가 나누어 가진다.

미국을 중심으로 특허침해소송에서 비실시기업이 제기한 소송 비율이 증가하고 있으며, 지난 10년 동안 약 13배의 증가추세를 보이고 있다. 2010년까지 꾸준하게 증가해 오던 비실시기업이 제기한 소송은 2012년 다소 주춤하는 경향을 보이는데, 이것은 미국「개정발명법」발표 이후 NPE 특허침해소송 남발을 줄이기 위한 노력의 결과로 파악된다.[5]

3 LG전자 vs 대만 콴타 특허권 소진

(1) 특허분쟁 이력

1999년 LG전자가 Wang 컴퓨터의 특허권을 매입하였다.[6] 2000년 LG전자는 인텔과 매입한 특허에 대해 모든 PC에 사용할 수 있는 라이선스 계약을 하였다. 대만기업들(Quanta, Asus, BizCom, Compal, Everex 등)은 특허기술이 사용된 마이크로프로세서를 인텔로부터 구매하고 PC를 생산하여 Dell, HP, Gateway에 판매하였다. 이후 LG전자가 대만기업을 상대로 특허소송을 제기하였다.[7]

---

5 임동규·이성주, "특허확보 및 활용 패턴 분석을 통한 비실시기업의 분류: BM 구성요소 중심으로", 한국지식재산연구원, 『지식재산연구』 11(1), 2016. 3, 130면.

6 US 4,918,645 – 'Computer bus having page mode memory access'
US 4,926,419 – 'Priority apparatus'
US 4,939,641 – 'Multi-processor system with cache memories'
US 5,077,733 – 'Priority apparatus having programmable node dwell time'
US 5,379,379 – 'Memory control unit with selective execution of queued read and write requests'
US 5,892,509 – 'Image processing apparatus having common and personal memory and capable of viewing and editing an image commonly with a remote image processing apparatus over a network'

7 Quanta Computer, Inc. v. LG Electronics, Inc., 553 U.S. 617 (2008).

(2) LG전자 측 주장

LG와 인텔과의 라이선스 조건은 인텔 제품이 아닌 것과 결합되는 칩은 상기 특허를 침해하는 것이라고 조건에 명시하였다. 인텔은 대만기업에 상기 제한조건들에 대해 통보하였다. 대만기업은 그들이 제조한 컴퓨터에 상기 칩들을 탑재하여 판매하였다. 이에 LG의 특허를 침해한 것이라고 주장하였다.

(3) 콴타(Quanta) 측 주장

침해가 아니라 주장하였다. 대만기업은 LG전자에 로열티를 지불한 인텔로부터 칩을 구매하여 사용하였으므로, 특허권 소진이론(Exhaustion Theory) 또는 묵시적 라이선스에 따라 특허침해가 아니라는 주장을 하였다. 특허권 소진론은 특허제품을 특허권자 혹은 실시권자가 일단 판매한 경우, 특허권 행사가 제한되어 구매자로부터 이중 로열티(Double Royalty)를 받을 수 없는 법리이다. 묵시적 라이선스는 특허제품 또는 필수 부품을 특허권자 또는 실시권자가 판매한 경우, 구매자에게는 묵시적으로 실시권이 허여된다는 것으로 본다는 법리이다. LG전자는 자사가 특허를 가진 칩에 대해 인텔이 로열티를 지급하는 것과 별개로 이 칩을 내장해 컴퓨터를 생산하는 업체들도 로열티를 내야 한다는 입장이다. 이에 대해 대만 콴타는 이미 인텔이 로열티를 낸 칩을 사용하는 것이기 때문에 LG전자 요구는 이중과세라고 주장했다.

(4) 사안의 경우

LG전자가 특허권을 가진 메모리칩 기술에 대해 미연방대법원이 이중 로열티를 부과해선 안 된다는 판결을 내렸다. LG가 특허권을 가진 인텔

칩을 노트북 주문자상표부착(OME) 메이커인 대만 콴타 컴퓨터가 사용하는 데 대해 LG가 추가 로열티를 부과해선 안 된다고 했다. 미국의 연방대법원이 콴타 판결을 통해 비특허 부품의 판매로 인한 방법발명의 권리 소진을 인정한 이후, 연방특허항소법원은 콴타 판결을 인용하며 비특허 기구와 소모품의 판매에까지 방법발명의 권리 소진을 인정하였다.[8]

8 이수미 · 박영수, "특허권 소진의 원칙과 조건부 판매 간의 조화와 충돌에 관한 연구: 미국의 Quanta 판결 이후 소모품 판매 관련 사건들을 중심으로", 인하대학교 법학연구소, 『법학연구』 17(4), 2014. 12, 74면.

CHAPTER 02

특허 창출

SECTION I

아이디어 만들기

1 아이디어 발상에 유용한 도구

(1) 브레인스토밍

여러 사람이 모여 아이디어를 만드는 방법으로 자주 거론되는 것이 브레인스토밍이다. 브레인스토밍에는 다음과 같은 규칙이 있다.

규칙❶ 다른 사람의 발언은 비판하지 않아도 좋다.
규칙❷ 자유분방한 발언을 환영한다. 몽상도 좋다.
규칙❸ 질보다 양을 중요하게 여긴다.
규칙❹ 다른 사람의 아이디어에 무임승차한다.

IDEO라는 미국의 산업디자인회사에서는 브레인스토밍의 효과를 더욱 높이기 위해 다음과 같은 7가지 방식을 사용한다.

① 초점을 명확히 한다.

② 놀이하는 기분으로 참가한다.

③ 아이디어의 수를 헤아린다.

④ 힘을 축적하여 도약한다.

⑤ 장소는 기억을 일깨운다.

⑥ 정신의 근육을 긴장시킨다.

⑦ 신체를 사용한다.

(2) 트리즈

창의적 문제 해결 방법의 하나인 트리즈(TRIZ: Teoriya Resheniya Izobretatelskikh Zadatch)는 유대계 러시아인 겐리히 알트슐러(G. Altshuller)가 개발한 발명 관련 방법론이다. 다수의 특허에서 나타나는 공통적 특성을 체계화시킨 것이다. 20만 건 이상의 전 세계 특허를 분석하고 공통점을 추출하니 창의성은 모순을 극복한 결과이며 주변의 자원을 최대한 활용하는 특징이 있다는 것이다. 트리즈는 성공한 제품이 어떻게 개발됐는지 역분석해 새로운 방법을 제시한다.

브레인스토밍 기법은 실제로 문제를 해결해 주는 것이 아니라 문제 해결을 위한 아이디어만을 제공한다. '트리즈는 무엇을 해결해야 하는가'를 가르쳐 주는 것과 함께 '어떻게 해결해야 하는지'를 가르쳐 준다. 트리즈의 기대 효과는 제품 개발 시 발생되는 문제점을 40가지 원리 등 특유의 트리즈 기법으로 접근한다. 단순히 문제를 개선하는 차원을 뛰어넘어 혁신적 문제 해결이 가능하다. 예를 들어 제품과 부품을 기능 위주로 분석, 다른 부품이 기능을 대신하거나 해당 부품이 필요 기능을 수행하도록 변형하는 등의 재설계를 통해 개발비용 등을 절감할 수 있다.

2 특허정보 조사

특허정보는 특허 제도상에서 특정 발명에 대해 이러한 권리를 부여하는 과정에서 나타나는 모든 관련 정보이다. 일반적으로 출원인이 특허권을 인정받기 위해서 해당 국가기관에 특허출원서를 제출하는 출원행위에서부터 발생되는 모든 문서상, 행정상 정보들을 포괄한다. 특허정보의 디지털화로 인해 각국의 특허청이나 데이터베이스 공급기관들이 특허정보 데이터베이스를 구축하는 데 더욱 용이한 여건을 가지게 되었다.

(1) 선행기술조사

연구개발 단계에서는 선행기술조사로 타사의 특허 등의 지식재산권과의 관계를 파악하면서 특허맵 등을 작성함으로써 연구 방향을 파악할 수 있다. 선행기술조사는 출원된 발명의 신규성이나 진보성 등 특허요건을 검토하기 위해 관련된 기술을 검색하는 것이다. 출원하고자 하는 기술과 동일한 기술이 이미 등록되어 있거나 공지(공개)되어 있다면 특허출원을 하더라도 등록받기 어려우므로 특허출원 전 선행기술조사는 중요하다. 조사범위는 주로 '특허공개공보', '특허공보', '실용공개공보' 등이 있다. 특허정보의 조사는 인터넷을 통하여 간단히 행할 수 있다. 한국특허정보원에서 제공하는 키프리스 특허정보넷(www.kipris.or.kr)을 이용하는 방법이 대표적이다.

(2) 선행기술조사의 목적

선행기술조사는 연구기획(기술정보 조사), 신제품 개발(제품출시 전 조사), 특허등록(특허성 조사, 우선심사용 조사), 해외출원(해외출원 전 조사), 침해 및 무효 검토(침해 · 무효자료 조사) 등을 위해 수행한다. 선행기술조사는 기술의 특허등록 가능성을 높이기 위해 수행한다. 발명하려는 기술 또는 발명한 기술과 동일 · 유사한 기술이 이미 등록되어 있다면 등록하지 못할 가능성이 크기 때문이다. 선행기술조사는 연구개발 아이디어의 구체화를 위해 수행한다. 연구개발 아이디어를 구체적으로 실현하는 데 한계가 있으면 등록된 유사기술을 찾아 진행 중인 연구를 발전시킬 수도 있다. 선행기술조사는 특허분쟁에 대비하기 위하여 수행한다. 분쟁에 대비하여 IBM · Microsoft · Intel · HP · Sony 등은 특허출원을 하지 않은 기술을 공개하는 전략을 사용하고 있다. 특허출원이 되지 않고 공개된 기술이더라도 나중에 출원된 기술이 무효화되는 데 이용될 수 있기 때문이다.

(3) 선행 기술 우회를 통한 특허획득 전략

목표 기술이 이미 특허가 있다면 목표를 재설정하거나 포기하는 수밖에 없다. 일단 개발한 기술에 대한 기존 특허가 존재하는 한 신규성이 없으므로 특허를 등록하기 위해서는 기존 특허와 목표 기술이 차별성이 있고 그 효과가 다르며 통상의 지식을 가진 자가 쉽게 발명할 수 없는 진보된 기술이라는 것을 증명하는 전략이 필요하다. 기존 특허를 우회하여 특허를 등록하기 위해서는 기존 특허의 청구범위를 잘 살펴야 한다. 지나치게 권리범위를 확대하였거나 청구범위에서 빠뜨린 부분이 있다면 목표 기술을 잘 설계하여 특허등록 가능성을 높일 수 있다.

3 특허정보 활용

(1) 연구기획 단계에서 특허정보 활용

연구기획 단계에서는 연구과제 선택의 객관적 타당성을 확인하기 위한 자료로 특허정보를 활용할 수 있다. 즉, 관심 분야에 대한 특허정보를 조사함으로써 현재까지의 기술 동향 및 권리 동향을 파악하는 동시에, 이를 통해 한정된 기간 내에 가장 효과적인 연구개발이 이루어질 수 있는 미개척 대상 분야를 찾을 수 있다. 특허맵은 특허정보 조사를 통해 기술개발 동향을 파악하고 선도기업과 유사 분야 연구자의 기술력을 평가하는 전체적인 특허 분석 결과를 뜻한다. 연구개발 측면에서의 자사의 위치를 설정하는 연구개발전략 수립 수단으로 활용할 수 있다.

(2) 연구개발 단계

연구개발 단계에서는 연구기획 단계에서 설정된 연구개발 방향을 특허 문헌을 통해 최신 기술 동향을 확인한다. 명세서에 수록된 기존 기술의 문제점 및 최신 기술 내용을 주기적으로 확인함으로써 구체적인 연구개발 수행 방안을 수립하는 동시에, 실제 연구개발 수행 과정에서 나타나는 문제들을 해결하기 위한 아이디어를 얻을 수 있다.

(3) 연구개발 이후 단계

연구개발 이후 단계에서는 연구개발을 통해 확보한 기술에 대해, 이미 특허가 주어진 기술뿐만 아니라 출원 신청을 했지만 기각되거나 신청을 철회한 기술 등을 조사하여 특허를 성립시킬 수 있는지 확인한다. 불필요한 특허 비용을 절약할 수 있다.

(4) 기술의 특허권 보장 및 침해 여부

특허권과 관련하여, 특정 기술의 구현 및 행사 단계에서 자사가 사용하고 있는 기술에 대해 동일한 기술에 대한 특허권을 조사함으로써 다른 기업이 보유하고 있는 특허권을 침해하는지를 확인함으로써 법적인 리스크를 감소시킬 수 있다.

(5) 기술가치 판정

기술가치 판정 측면에서, 기술이전 혹은 라이선스 계약 등의 기술 관련 거래와 관련하여 그 기술이 해당 분야에서 어느 정도의 비중을 가지며 어떤 분야에 활용될 가능성이 있는지 등을 확인함으로써, 해당 거래가 적절한 것인지를 판정하기 위한 근거자료로 특허정보를 활용할 수 있다.

(6) 기술을 적용한 상품 · 서비스의 제공 및 판매

특허가 출원된 지역에서 해당 특허의 기술 내용을 사용하여 판매, 제공되는 제품 · 서비스에 대해서는 특허의 독점적 권리를 침해하는 것으로 간주되어 법적인 제약이 따르게 된다. 특허 · 상표 · 저작권을 침해했다고 판정될 경우 해당 상품의 수입을 규제할 수 있도록 한 미국 「관세법」 337조는 그 대표적인 사례다. 그러나 특허는 그 특허가 출원된 국가에서만 보호, 행사될 수 있는 권리이다. 특정 기술의 핵심 특허가 출원, 등록되지 않은 국가에서는 그 기술을 응용한 제품 · 서비스를 생산, 판매함에 있어서 제약을 받지 않게 된다. 유형의 특허정보 활용은 특허정보가 기술개발뿐만 아니라, 통상적인 상거래행위에서도 반드시 고려하여야 한다.

SECTION II

특허 만들기

1 지식재산 권리화 필요성

기업체에서 연구개발 과정 중 좋은 아이디어는 특허권을 받으면 사업상 유익한 점이 있다. 특허를 받으면 독점권이 발생한다. 독점권이 있으면 특허권이 부여된 그 발명품을 생산하고, 판매하고, 대여하고, 수출입하는 모든 권리를 독점한다. 타인이 모방하는 경우에는 그에 대해서 민사적으로나 형사적으로 제재를 가할 수 있다. 특허권 또는 특허출원을 한 사실이 있으면, 이를 근거로 벤처기업 지정 신청을 할 수 있다. 은행이나 기술보증기금 등에서 사업에 필요한 자금을 신청할 수 있다.

2 발명특허요건

(1) 발명의 정의

「특허법」에서 정하는 발명은 '자연법칙을 이용한 기술적 사상(思想)의 창작으로서 고도한 것'을 말한다. 기술의 개발이나 발명이 완성되었다 하여 바로 특허등록이 되는 것은 아니다. 특허를 받을 수 있는 요건을 충족하고 특허청의 심사를 통해 등록해야 권리로서 보호받을 수 있다. 특허로 인정받기 위한 요건은 다음과 같다. 산업상 이용 가능성, 신규성, 진보성이 있어야 한다.

(2) 산업상 이용 가능성

산업상 이용 가능성이 있어야 한다. 「특허법」은 산업발전에 이바지함을 목적으로 하므로 산업상 이용 가능성이 없으면 특허가 될 수 없다. 산업상 이용 가능성에는 당장 산업상 이용되고 있는 것뿐만 아니라 장래에 이용 가능한 것도 포함한다.

의료행위의 경우 일반적으로 인간을 수술 · 치료 · 진단하는 방법에 이용할 수 있는 발명은 산업상 이용 가능성이 없는 것으로 보지만, 그것이 인간 이외의 동물에만 한정한다는 사실이 청구범위에 명시되어 있으면 산업상 이용할 수 있는 발명으로 취급한다. 예를 들어 치료 방법은 특허가 되지 않지만 치료 도구는 특허 가능하다. 또한, 돼지 유전자 치료도 특허 가능하다.

업(業)으로 이용할 수 없는 발명은 산업상 이용 가능성이 없다. 개인적 또는 실험적 · 학술적으로만 이용할 수 있고 업으로서 이용될 가능성이 없는 발명은 산업상 이용할 수 있는 발명에 해당하지 않는다.

명백하게 실시할 수 없는 발명은 산업상 이용 가능성이 없다. 이론적으로는 발명을 실시할 수 있더라도 실시가 현실적으로 전혀 불가능하다는 사실이 명백한 발명은 산업상 이용할 수 있는 발명에 해당하지 않는 것으로 취급한다. 무한동력이나 무한에너지 전기 발전은 열역학 법칙이나 에너지 보존법칙에 위배되어 실현 불가능하다. 이에 따라 특허등록이 어렵다.

(3) 신규성

신규성(새로운 것)이 있어야 한다. 특허권은 발명을 공개하는 대가로 권리를 부여하는 것이므로 이미 알려진 발명은 일반적으로 특허를 받을 수 없다. 특허출원 전에 ① 국내외에서 공지되었거나, ② 국내외에서 공연히 실시된 것, ③ 국내외에서 반포된 간행물에 게재되었거나, ④ 국내외에서 전기통신회선을 통하여 공중의 이용 가능한 발명은 신규성이 없다. 신규성은 국제주의를 취하고 있어 국내외에서 일반인에게 알려졌으면 신규성을 인정받기 어렵다(「특허법」 제29조 제1항).

Ex 특허발명의 신규성 판단 방법

특허발명에서 구성요소로 특정된 물건의 구성이나 속성이 선행발명에 명시적으로 개시되어 있지는 않으나 선행발명에 개시된 물건이 특허발명과 동일한 구성이나 속성을 갖는 경우, 특허발명의 신규성이 부정된다. [대법원 2021. 12. 30. 선고 2017후1304 판결]

특허발명에서 구성요소로 특정된 물건의 구성이나 속성이 선행 발명에 명시적으로 개시되어 있지 않은 경우라도 선행 발명에 개시된 물건이 특허발명과 동일한 구성이나 속성을 갖는다는 점이 인정된다면 특허발명이 해당 구성 또는 속성으로 인한 물질의 새로운 용도를 특허의 대상으로 한다는 등의 특별한 사정이 없는 한 신규성이 부정된다.

(4) 진보성

진보성이 있어야 한다. 즉 발명이 속하는 기술 분야에서 통상의 지식을 가진 자가 청구항에 기재된 발명을 비교발명에 의하여 쉽게 발명할 수 있으면 그 발명은 진보성이 인정되지 않는다(「특허법」 제29조 제2항). 발명의 진보성은 신규성과는 구별되는 요건이며 보통 진보성 판단에 앞서 신규성 판단이 일어난다.

Ex 진보성 판단 방법

제시된 선행 문헌을 근거로 발명의 진보성이 부정되는지를 판단하기 위해서는 진보성 부정의 근거가 될 수 있는 일부 기재만이 아니라 선행 문헌 전체에 의하여 발명이 속하는 기술 분야에서 통상의 지식을 가진 사람('통상의 기술자')이 합리적으로 인식할 수 있는 사항을 기초로 대비 판단하여야 한다. 그리고 일부 기재 부분과 배치되거나 이를 불확실하게 하는 다른 선행 문헌이 제시된 경우에는 그 내용까지도 종합적으로 고려하여 통상의 기술자가 발명을 용이하게 도출할 수 있는지를 판단하여야 한다. [대법원 2016. 1. 14. 선고 2013후2873, 2013후2880(병합) 판결]

「특허법」상 진보성 요건은 '해당 기술 분야', '통상의 지식을 가진 자', '용이하게 발명할 수 있는 것' 등과 같이 모호한 의미가 있는 용어로 규정되어 있다. 판단하는 자의 주관이 개입될 가능성이 크고, 다른 특허성 요건과 달리 객관적인 기준을 마련하기 어려운 특성이 있다. 실무상으로는 진보성 요건의 판단 시 객관성을 유지하기 위해 기술적 사항에 기초하여 청구된 발명과 선행 기술을 대비 판단하고 있다. 그러나 진보성 판단에 있어서 기술적 사항만을 고려할 경우, 출원일 이후 진보한 기술적 상황에 노출된 자가 선행 기술을 파악하고 모든 것을 이해한 후 비로소 진보성을 판단하게 되는 사후적 고찰의 위험성이 높아진다는 문제가 있다. 또한, 발명의 실체를 파악하는 데 있어서 시장적 요소를 배제하고 기술적 사항만을 강조하다 보면 당해 업계에서 새로운 개념으로 받아들여질 수 있는 발명이 선행 기술로부터 진보성이 없다는 이유로 특허로 보호받지 못하는 결과를 낳을 수 있다. 따라서 진보성 판단에 있어서 비기술적 사항인 상업적 성공, 산업적 찬사 및 예상 밖의 결과, 모방, 산업적 회의론, 기술이전, 장기간 미해결된 요구 등에 대한 2차적 고려요소를 반영하고자 하는 시도가 이어져 왔다.[1]

1 전용철, "2차적 고려요소를 반영한 진보성 판단에 관한 연구: TRANSOCEAN OFFSHORE DEEPWATER DRILLING, INC. vs MAERSK DRILLING USA, INC. 사건", 동아대학교 법학연구소, 『동아법학』 62, 2014. 2, 560면.

SECTION Ⅲ

특허 취득 절차

1 특허 권리취득 절차

(1) 특허출원

특허출원이란 새로운 발명을 한 사람이 그 발명을 공개하는 대가로 독점권을 갖기 위해 특허를 허락해 달라고 국가(특허청)에 일정한 양식 및 절차에 따라 신청하는 행위를 말한다. 특허청은 이러한 신청을 받게 되면 절차와 양식이 맞게 되었는지를 보고 제대로 된 출원에 대하여 특허권을 허여하여야 할 일정한 요건을 갖추었는지를 심사하여 특허 여부를 결정하게 된다.

(2) 특허출원 방법

특허출원은 온라인과 오프라인(우편 · 방문)으로 출원할 수 있다. 온라인은 특허로 홈페이지(www.patent.go.kr)에서 특허고객번호를 부여받아 전자출원을 할 수 있으며, 오프라인은 우편이나 방문을 통해 서면출원을 할 수 있다. 서류제출의 효력발생 시기에 관하여 도달주의와 발신주의가 있으나, 「특허법」은 특허청에 도달한 때를 효력발생 시기로 보는 도달주의를 원칙으로 한다. 예외적으로 우편으로 제출하는 때에는 우편물의 발신일이 분명한 경우와 수령증으로 발신한 날이 증명될 경우 우체국에 제출한 때(발신한 때)를 효력발생 시기로 보는 발신주의를 취하고 있다. 일반출원(1 발명 1 출원)과 달리 분할출원과 변경출원을 하면 서류제출의 효력발생 기산일이 출원일로 소급된다.

가. 분할출원

발명이 하나인지 둘 이상인지 판단하기 어려워 둘 이상의 발명을 하나의 특허출원으로 하면 1 발명 1 출원 원칙에 위배되기 때문에 일정 기간 내에 그 일부를 하나 이상의 특허출원으로 나누어 출원할 수 있는데 이를 분할출원이라고 한다.

나. 변경출원

특허출원을 실용신안출원으로 또는 실용신안출원을 특허출원으로 변경할 수 있는데 이를 변경출원이라고 한다. 발명의 고도성만 차이가 있는 특허출원(발명)과 실용신안출원(고안)에 대하여 심사관의 판단에 따라 발명을 고안으로 보거나 고안을 발명으로 보는 경우에 단지 출원형식이 다름을 이유로 출원 거절하여 신규출원하도록 하는 것은 선출원의 이익을 누리지 못하게 하고 절차경제에 반한다.

(3) 특허출원 전 고려사항

기업 연구소는 많은 비용과 노력을 투입하여 개발한 기술을 특허로 등록 · 공개하여 보호할지 아니면 영업비밀로 보호할지 고민하게 된다. 특허로 보호하는 것과 영업비밀로 보호하는 것은 각각의 장단점이 있으므로 기술 분야 및 산업의 특성, 업계의 동향에 맞게 선택한다.

영업비밀은 공공연히 알려져 있지 아니하고(비공지성) 독립된 경제적 가치를 가지는 것으로서(경제성), 합리적인 노력에 의하여 비밀로 유지된(비밀관리성) 생산 방법 · 판매 방법, 그 밖에 영업활동에 유용한 기술상 또는 경영상의 정보를 말한다. 영업비밀은 비공지성 · 경제성 · 비밀관리성이 인정되면 특허로 보호받지 못하는 무형자산까지 폭넓게 보호받을 수 있으며 기간의 제한 없이 기술상 또는 경영상 정보를 보호할 수 있다는 장점이 있다. 특허권은 등록하여 독점 배타적으로 권리를 행사할 수 있고 침해자에 대해 민 · 형사적으로 강력한 구제 수단을 확보할 수 있지만, 영업비밀은 영업비밀보호센터의 영업비밀 원본증명을 통해 영업비밀의 소유 권리를 확보할 수 있다.

(4) 기술(특허) 공개의 효과

특허는 원칙적으로 출원일로부터 1년 6개월이 경과되면 공개되고 등록이 되면 즉시 공개되는데, 공개된 특허는 공지의 기술로 취급되며 연구자 및 출원인의 동일 여부와 무관하게 선행 기술로 후속 특허의 심사에 활용될 수 있다. 특허는 출원 후 1년 6개월 뒤에 일반에 자동으로 공개되는 반면에 영업비밀은 비밀관리성을 유지하는 한 보호해야 할 기술상 또는 경영상 정보가 외부로 공개되지 않는다.

(5) 선원주의

세계에서 최초로 전화기를 발명한 사람은 알렉산더 그레이엄 벨이다.

알렉산더 그레이엄 벨은 1876년 2월 14일 세계 최초로 미국특허청에 전화장치를 특허출원하였다. 그런데 또 한 사람, 일라이셔 그레이 역시 벨과 같은 날 액체 송화기를 사용한 전화기 디자인에 대하여 특허출원을 하였다. 실제로 누가 발명을 하였는지 논란이 있지만, 벨과 그레이가 같은 날에 특허출원을 하였으면서도, 벨은 특허를 받아 전화기를 세계 최초로 발명한 발명가로서 기억된다. 이처럼 특허는 선출원주의에 따르면 먼저 출원을 한 사람이 특허를 얻게 된다. 특허권은 기술공개의 대가로 특허등록이 되면 특허출원 후 최대 20년이 되는 날까지 독점 배타적인 효력을 가진다. 세계 주요국이 선출원주의를 취하기 때문에 특허출원을 결정하였다면 최대한 빨리 출원하여 권리를 확보하는 것이 중요하다. 특허출원일이란 발명을 한 사람 또는 그 승계인이 국가에 대하여 특허라는 독점권을 받기 위해 특허출원이라는 의사표시를 한 날이다. 특허출원일은 발명의 신규성과 진보성을 판단하고, 심사청구, 우선권주장, 특허권의 존속기간 등의 기산일이 된다.

2 연구노트 의의

(1) 필요성

연구노트는 ① 진정한 발명자를 증명하고 발명에 대한 기여도를 산정하는 수단이 되고, ② 연구윤리 문제가 발생하는 경우 연구 절차를 증명하는 수단이 되며, ③ 연구결과의 기술이전을 위한 수단이 되고, ④ 개인 및 조직의 노하우(Know-How)를 전수 · 관리하는 수단이 된다. 선발명자에게 특허권을 주는 경우에는 발명 일자가 중요한데 연구노트는 이를 증명하는 데 필요하다. 연구결과를 영업비밀로 유지할 경우 연구노트의 작성과 관리가 더욱 중요하다.

(2) 내용

① 연구과정에서의 아이디어 · 실험경과 · 결과를 기재한다. 아이디어의 동기나 아이디어의 실행을 위한 연구계획, 선행 기술의 조사 결과 등도 기재한다. 아이디어의 착상일은 연구노트에 기재된 날짜이다. 용어 · 표 · 그림의 번호는 일관성 있게 기재한다.

② 제3자가 연구내용을 이해하고 실행할 수 있도록 구체적으로 기술한다. 기술재현이 가능하도록 구체적으로 기록해야 하며, 단순한 연구일지나 Data의 저장소로 생각해서는 안 된다.

③ 실험 중 Data와 실험 후 고찰내용을 포함하여 연구 진행 과정을 파악할 수 있게 해야 한다. 실험 결과는 가능하면 부정적 기술은 피하는 것이 좋다. 부정적 기술은 앞으로 연구 노트를 열람하는 제3자에게 실험 방식이나 결과에 대한 선입견을 줄 수 있다

3 논문과 특허의 관계

(1) 논문과 특허의 공개

논문과 특허출원은 제3자에게 연구자가 개발한 기술을 공개하는 측면에서는 동일하다. 다만, 논문은 공개를 통한 정보전달에 목적이 있지만, 특허는 공개를 통한 정보전달과 함께 기술을 개발한 연구자에게 독점배타적인 권리를 부여하는 목적이 공존한다는 차이가 있다. 연구를 하다

보면 특허출원 전 세미나 · 학회 등에서 부득이 논문을 발표해야 하는 경우가 발생하므로 신규성을 상실하지 않도록 공지 예외 주장 등의 사후 조치를 할 필요가 있다.

(2) 논문발표에 의한 기술공개

발명에 대한 신규성 판단은 특허출원 시를 기준으로 하므로 발명이 공지된 이후에 특허출원을 할 때에는 원칙적으로 발명은 신규성을 상실하게 된다. 논문발표를 통해 기술이 공개된 경우도 공지된 것으로 간주되므로 연구자로서 논문발표의 시점에 대해서 고민이 필요하다. 특허심사에 활용되는 공지 기술의 지위를 고려하면 후속 기술들이 지속해서 개발될 가능성이 있는 경우에는 후속 기술들의 특허출원이 완료된 후 논문발표를 하는 것이 권리확보 측면에서 바람직하다. 논문이 공개되기 전에 미리 특허출원을 진행하는 것이 바람직하며, 동일기술에 관한 후속 기술 개발을 진행하는 경우 최초 특허의 공개 예정일과 논문의 공개 예정일을 조사하고 특허출원 일정을 조율하여 연구자의 논문 및 특허로 후속 특허들이 거절되는 것을 예방할 필요가 있다.

(3) 논문과 공지 예외제도

발명자가 불가피하게 특허출원보다 먼저 논문을 발표하거나 제3자가 발명자의 의사에 반하여 기술을 공개하는 경우, 이 때문에 신규성이 상실되어 특허를 받을 수 없다면 산업발전에 이바지하고자 하는 목적의 특허제도가 오히려 출원인에게 불리하게 작용하게 된다. 이런 사례를 방지하고자 「특허법」은 발명자 보호를 위해 공지일로부터 일정 기간(12개월) 동안 특허출원 전 공지된 논문 등을 신규성 · 진보성 등의 특허요건

판단 시 선행 문헌으로 보지 않는 공지 예외제도를 규정한다. 공지 예외제도는 출원 전 공지행위를 한 자와 출원인 간에 동일성이 유지되고 출원 전의 공지행위가 특허제도의 다른 목적 달성에 이바지할 수 있는 등 특별한 사유가 있는 경우, 공지 이후에 출원된 일정 범위의 발명에 대하여는 신규성 및 진보성을 상실하지 아니한 것으로 인정해 주는 사후적 구제제도이다.

4 출원서류의 제출

특허출원을 하려고 하는 경우, 소정의 사항을 기재한 '특허출원서'를 특허청에 제출하여야 한다. 특허출원서에는 요약서, 명세서, 도면(필요한 경우)이 첨부되어야 한다. 출원서류를 작성할 때에는 특허출원서, 요약서, 명세서 순으로 작성한다. 그 발명이 속하는 기술 분야에서 통상의 지식을 가진 자가 출원인이 제출한 출원서류에 기재된 내용을 보고 쉽게 실시할 수 있을 정도로 그 발명의 목적 · 구성 · 효과를 구체적으로 기재하여야 한다.

특허 청구범위는 자신의 권리범위를 결정하는 역할을 한다. 따라서 발명자나 출원인이 직접 명세서를 작성할 경우 자신의 권리영역이 청구될 수 있도록 주의하여야 하며, 변리사에게 의뢰하여 명세서를 작성하는 경우 자신의 권리를 명확히 변리사에게 설명하고 그러한 사항이 특허 청구범위에 제대로 반영되어 있는지를 중심으로 청구범위를 살펴보아야 한다. 소홀히 하는 경우 특허권은 있되 권리범위가 너무 작아 행사할 수 없는 특허권이 될 우려가 있다.

5 특허의 심사 절차

(1) 방식심사

방식심사는 출원서나 명세서 등의 출원서류가 「특허법」에서 정하고 있는 절차적, 형식적 요건을 갖추고 있는지를 심사하는 것을 말한다. 특허출원된 전부에 대하여 심사하는 것으로, 특허 허여 여부를 심사하는 '실체심사'와 구별된다. 전자출원의 경우 자동적으로 체크가 되기 때문에 수수료 미납 등 일부 예외를 제외하고는 출원 전에 문제가 있는지가 확인될 수 있다.

(2) 출원공개

출원일로부터 1년 6개월 후 「공개특허공보」에 원칙적으로 모든 특허출원은 별도의 신청이 없어도 공개된다. 출원공개 후부터 특허권의 설정등록까지의 기간 출원 공개된 발명을 업으로서 실시한 자에 대하여 미리 서면으로 경고함으로써, 특허권 설정등록 후 실시료 상당액의 지급을 청구할 수 있는 '보상금 청구권'이라는 권리가 출원인에게 부여된다.

(3) 조기공개제도

조기공개제도는 특허출원일로부터 1년 6개월이 경과하기 전이라도 출원인의 신청이 있으면 그 특허출원에 대하여 특허공보에 게재하고 그 출원을 공개하는 제도로 출원인의 신청에 따라 이루어진다. 출원일로부터 일반적인 공개 시점인 1년 6개월 사이에 제3자가 출원발명에 관한 기술을 보방할 경우 조기공개를 함으로써 모방실시자에게 경고장을 발송할 수 있고, 특허등록 후 이러한 실시자에 대해 보상금을 청구할 수 있다.

(4) 심사청구

심사는 출원일로부터 3년 이내에 '출원심사청구서'를 제출하고, 심사청구료를 냄으로써 개시된다. 심사청구 기간에 심사청구를 하지 않는 경우에는 출원은 취하 간주된다.

(5) 우선심사제도

우선심사제도란 출원인의 특허출원이 '출원공개 후 특허출원인이 아닌 자가 업으로서 특허출원된 발명을 실시하고 있다고 인정되거나, 긴급처리가 필요하다고 인정되는 것으로서 대통령령으로 정하는 경우'에 해당되는 경우에는 우선하여 심사해 줄 것을 청구할 수 있다. 이 경우 '자기 실시 또는 자기 실시 준비 중인 출원(즉, 사업 중이거나 준비 중인 출원)'에 대해서는 증빙자료를 제출하여야 한다.

(6) 실체심사

심사청구된 출원은 심사관에 의해 특허 허여 여부에 관한 실질적인 심사가 진행된다.

① 거절이유의 통지: 실체심사 단계에서 심사관이 심사한 결과, 거절이유에 해당한다는 심증을 얻는 경우에는 바로 거절 결정하지 않고, 그 취지를 출원인에게 통지하는 절차이다. 통지된 거절이유 대부분은 선행 기술이 기재되어 있는 문헌이 인용참증으로 제시된 후 발명으로서 신규성이 없다든지(신규성 결여), 용이하게 발명할 수 있다든지(진보성 결여), 또는 명세서의 표현이 명료하지 않다든지(기재불비) 하는 이유이다.

② 의견서, 보정서의 제출

③ 심사관 면담: 의견제출 통지서를 받은 경우 의견서나 보정서를 제출하기 전에, 직접 심사관과의 면담을 통해 거절이유에 대한 의견을 청취하고 자기가 출원한 발명에 대한 기술적인 설명이나 인용된 문헌과 기술적 대비에 대하여 의견을 말하고 심사관에게 직접 이해를 구해 의견서나 보정서에 반영시킬 수 있다.

(7) 최종처분

실체심사는 심사관의 결정에 따라 종료한다. 심사관에 의한 최종처분은 특허를 허여하는 '특허결정'과 특허권이 부여되지 않는 '거절결정' 2종류가 있다.

가. 특허결정

심사관이 심사한 결과, 거절이유를 발견할 수 없었던 경우 또는 거절이유를 발견하였지만, 의견제출 통지에 대한 출원인의 의견서에 의하여 거절이유가 해소된 경우 심사관은 그 특허출원에 대하여 특허를 허여한다는 취지의 결정을 한다.

나. 거절결정

심사관이 통지한 거절이유에 대하여 출원인이 의견서 또는 보정서를 제출하였지만, 거절이유를 극복하지 못한 것으로 판단되는 경우 심사관은 그 특허출원에 관하여 거절결정을 한다. 출원인은 거절결정에 대하여 차례로, 거절결정불복심판, 심결취소의 소 등을 제기할 수 있다. 거절결정불복심판을 청구하는 경우 보정을 통하여 다시 심사관의 심사를 받을 수 있는 경우도 있다(심사전치제도).

(8) 특허거절에 따른 일반적 대응

특허출원에 대한 심사관의 거절이유 통지를 받더라도 출원인은 의견서 제출, 보정 및 분할 · 변경 출원 등을 통해 특허를 받을 수 있다. 거절이유에 대한 의견서 제출을 할 수 있다. 의견서 제출만으로 거절이유가 해소된다면 바람직하지만, 실무적으로 의견서만으로 거절이유를 없애는 경우는 드물다. 출원에 대한 보정 방법으로 명세서나 도면 일부를 수정하거나 청구범위를 축소하는 보정서를 제출하여 거절이유를 없애는 것이 일반적인 방법이다. 분할 · 변경 출원 검토로 1발명 1출원주의를 위반한 경우 분할 출원할 수 있는지나 실용신안으로 변경 출원할 수 있는지를 검토할 수 있다.

불복심판은 보정을 통한 재심사 청구와 관계없이 청구할 수 있다. 출원의 취하 · 포기를 할 수 있다. 취하는 특허출원이 처음부터 없었던 것으로 하는 소급효가 있으나, 포기는 취하서 제출 없이 거절이 확정되도록 두는 것이므로 선출원의 지위도 확정된 채로 계속 남아 있게 된다.

6 해외출원

(1) 해외출원 방식

특허는 출원하여 권리를 취득한 국가에서만 보호되기 때문에 해외에서도 사업을 전개(수출)하고 있거나, 해외에 진출하고자 하는 기업은 진출국인 각국에서 특허출원을 하여 권리를 취득하여야 한다. 외국으로의 출원에는 외국의 특허청에 직접 출원하는 경우(해외출원)와 특허협력조약에 근거한 국제출원(PCT 출원)을 이용하는 경우의 두 가지 방법이 있다.

가. 외국의 특허청에 직접 출원하는 경우

해당 국가별로 바로 특허출원을 하는 방식의 경우에는, 우리나라 특허출원일로부터 1년 이내에 각국에서 요구하는 서식과 절차에 맞게 특허출원을 해야 한다. 이 방식에 따르면 해당 국가에서 빨리 특허 여부의 결정을 받을 수 있다는 이점이 있지만, 특허의 등록 가능성을 알지 못하고 과연 그 나라에서 보호를 받아야 하는지를 충분히 검토하지 못한 채 출원하는 부담과 함께 현지 대리인의 선임과 번역 등에 드는 적지 않은 비용이 초기에 발생한다. 나라별로 특허를 출원한다. 이때, 명세서의 언어는 현지어가 원칙이다. 단, 한국어 명세서로 출원한 후에 해당 국가 언어로 기재된 명세서를 제출하여도 되는 국가도 있다. 한국에서 특허출원 후 12개월 이내라면 공업소유권의 국제 보호를 목적으로 한 파리조약에 근거하여 타 국가에 출원할 때에도 한국에서의 출원일이 적용된다(우선권 주장).

나. 국제특허출원을 하는 방식

국제특허출원(Patent Cooperation Treaty: PCT)을 하는 방식의 경우에는, 사전에 국제조사기관으로부터 국제조사보고서를 받아서 특허 가능성의 여부를 판단할 수 있으며, 최초 출원일로부터 30~32개월의 기간이 경과하기 전에만 원하는 국가에 번역문 등을 제출하여 심사를 진행하면 되므로 그만큼 신중한 검토와 출원비용을 조달할 수 있는 여유가 있다는 이점이 있다. 해당 국가에서의 심사가 다소 늦어진다는 단점이 있다. PCT(특허협력조약)에 가맹된 세계 120개 이상의 나라에 동시에 출원하는 효과가 있다. 한국 특허청에 국어 혹은 영어로 PCT 출원 전용서식을 사용하여 출원하면 된다. 단, 권리를 취득하는 데에는 우선일로부터 30

개월 이내에 권리를 취득하고자 하는 나라에서 요구하는 언어로 번역문을 제출하고 소정의 수수료를 지급해야 한다.

(2) 특허출원국 결정

사업의 방향, 경쟁업체를 고려하여 출원국을 결정한다. 글로벌 경제체제하에서 창출된 아이디어는 국내뿐만 아니라 외국에서도 특허출원이 행해지고 있다. 해외출원은 비용이 상당히 드는 절차로서 어느 나라에 출원할 것인가를 결정하는 것은 매우 중요하다.

(3) 시기별 해외출원 전략(우선일: 최초출원일)

① 우선일로부터 12개월 내: 우선권 인정, 해외출원 가능

② 우선일로부터 12개월~18개월: 우선권 불인정, 해외출원 가능

③ 우선일로부터 18개월 이후: 해외출원 불가능(신규성 상실), 발명의 개량을 통한 별도 출원은 가능

④ 미국 출원의 경우 간행물 기재 등의 발명 공지일부터 1년간 출원할 수 있는 유예기간(grace period)을 부여하므로(35 USC 102(b)), 우선일(예를 들면, 대한민국 출원일)부터 2년 6개월이 경과하기 전이라면 출원하여 등록을 받을 수 있는 경우가 있다.

7 실용신안 권리취득 절차

(1) 실용신안의 등록

실용신안등록 절차 또한 특허등록 절차와 유사하다. 과거 무심사제도

를 채택한 바 있으나 2006년 이후 실체심사 관련 규정을 「특허법」과 일치시켜 산업재산권 제도의 조화를 도모하고 있다. 실용신안의 경우 10년간 보호된다.

(2) 실용신안 출원

실용신안 출원을 위해서 기술서, 권리서 및 도면을 제출해야 한다. 기술서에는 상세한 설명을 기재하고 권리서에는 청구범위를 기재한다. 방식심사 단계에서는 형식상 하자 여부를 판단한 후, 출원일부터 18개월 후 출원을 공개한다.

(3) 실용신안의 요건

실용신안 출원한 고안이 등록을 받기 위해서 선행 기술과 동일하지 않을 것(신규성), 선행 기술로부터 극히 용이하게 고안할 수 없을 것(진보성)이 있다.

SECTION Ⅳ

특허 청구범위의 작성

1 명세서

(1) 명세서의 역할

명세서는 권리서, 권리해설서의 역할을 한다.

가. 특허 청구범위

일반 공중의 측면에서 볼 때 특허 청구범위는 제3자로 하여금 출원발명의 기술적 내용과 범위를 명확히 특정하여 침해가 발생하지 않도록 유도하고, 나아가 특허분쟁 시 특허침해 여부를 명확하고 신속하게 판단할 수 있도록 하는 역할을 한다. 출원인으로서 특허 청구범위는 등록 전에는 권리요구서로서, 등록 후에는 권리서로서 역할을 한다. 특허 청구범위는 발명을 명확하고 간결하게 기재하여야 하며, 보호받고자 하는 사항을 명확히 할 수 있도록 발명을 특정하는 데 필요하다고 인정되는 구조 · 방법 · 기능 · 물질 또는 이들의 결합관계 등을 기재하여야 한다.

나. 발명의 상세한 설명

발명의 상세한 설명은 특허 청구범위의 기재가 발명의 상세한 설명으로 뒷받침될 것을 요구함으로써 특허 청구범위를 뒷받침하는 권리해설서의 역할을 한다. 발명의 상세한 설명의 기재는 '그 발명이 속하는 기술분야에서 통상의 지식을 가진 사람이 그 발명을 쉽게 실시할 수 있도록 명확하고 상세하게 적을 것, 그 발명의 배경이 되는 기술을 적을 것'이라고 규정하여 새로운 기술사상인 발명의 내용을 제3자에게 공개하는 기술문헌으로서의 역할을 수행한다.

(2) 심사 · 심판대상의 특정

특허청 등에 대해 명세서는 심사 · 심판대상을 특정하는 역할을 한다. 심사관 · 심판관은 명세서에 기재된 발명을 대상으로 특허 여부를 심사 · 심판한다.

Ex 특허발명 자체의 기술적 범위를 특정할 수 없는 경우, 권리범위 인정 여부

특허발명 특허 청구범위의 기재나 발명의 상세한 설명, 기타 도면의 설명에 의하더라도 특허출원 당시 발명의 구성요건 일부가 추상적이거나 불분명하여 그 발명 자체의 기술적 범위를 특정할 수 없을 때에는 특허권자는 그 특허발명의 권리범위를 주장할 수 없고, 특허발명의 기술적 범위를 특정할 수 있는지는 당사자의 주장이 없더라도 법원이 직권으로 살펴 판단하여야 한다. [대법원 2002. 6. 14. 선고 2000후235 판결]

2 발명의 기재 방법

발명의 설명은 발명이 속하는 기술 분야에서 통상의 지식을 가진 사람이 그 발명을 쉽게 실시할 수 있도록 명확하고 상세하게 기재하며, 발명의 배경이 되는 기술을 포함해야 한다.

3 특허 청구범위와 청구항의 기재 방법

(1) 의의

특허 청구범위는 발명의 설명에서 기재한 발명 중 출원인이 스스로 의사에 의하여 특허권으로 보호를 받고자 하는 사항을 선택하여 청구항 형태로 권리화한 것을 의미한다. 특허 청구범위는 원칙적으로 각 청구항에 기재된 사항에 근거하여 정해진다. 청구항의 기재가 불명료하거나 기술용어의 의미 · 내용이 불명확한 경우에는 발명의 설명 또는 도면의 기재를 참작할 수 있다. 특허 청구범위는 발명의 내용을 기초로 어떠한 한도와 형태의 독점적 권리를 주장(보장)할 것인가를 좌우한다. 특허 청구범위는 발명의 내용을 추상적으로 설명하는 기능도 한다. 발명의 내용에 대한 자세한 설명은 '발명의 설명'이나 '도면'을 통해 이루어져야 한다.

특허 청구범위는 특허명세서의 핵심이다. 특허의 보호범위는 청구범위에 기재된 사항에 의하여 정하여지기 때문이다. 특허 청구범위는 범위가 넓을수록 등록 후에는 넓게 독점권을 행사할 수 있지만, 심사과정에서는 넓은 범위로 인해 선행 기술이 검색되어 특허를 받지 못할 가능성이 커진다.

(2) 청구범위의 기재

특허 청구범위는 발명의 설명으로 뒷받침되도록 작성되어야 한다. 뒷받침되었는지는 발명이 속하는 기술 분야에서 통상의 지식을 가진 자로서 청구항에 기재된 발명과 대응되는 사항이 발명의 설명으로부터 이해될 수 있도록 기재되어야 한다. 청구범위에는 보호받으려는 사항을 적은 청구항을 하나 이상 작성해야 하며 그 청구항은 발명의 설명으로 뒷받침되고 발명이 간결하고 명확하게 적시되어야 한다. 청구범위에는 보호받으려는 사항을 명확히 할 수 있도록 발명을 특정하는 데 필요하다고 인정되는 구조 · 방법 · 기능 · 물질 또는 이들의 결합관계 등을 적어야 한다.

기본적으로 특허는 글의 싸움이다. 글로써 명확하고, 상세하여야 한다. 번복될 수 없으며, 공정하게 해석되는 것이 원칙이다. 특허 청구범위의 기재는 발명의 권리범위와 직접적인 관계이다. 최종적으로 등록 확정되면, 특허 청구범위에 기재된 내용으로 특허의 권리범위가 설정되거나 주장된다.

(3) 청구항의 기재

특허권자가 특허로 보호받고자 하는 권리의 보호범위는 제3자에게 공개되기 때문에 청구항은 명확하고 간결하게 기재하여야 한다. 청구항은 발명의 설명범위를 벗어나지 않도록 기재되어야 한다. 발명의 설명 기재를 벗어나도록 너무 넓게 기재하거나 발명의 설명에 기재되어 있지 않은 다른 실시 예와 관련된 사항을 기재하는 것은 거절이유가 된다. 청구항 기재가 불명확하거나 기재 내용이 간결하지 않은 발명에 대하여 특허권이 부여되면, 발명의 보호범위가 불명확하게 되므로 거절이유가 된다. 실무상 기재불비라는 표현으로 가장 많이 발생되는 거절이유 중 하나이다.

(4) 독립항과 종속항의 관계

특허 청구범위를 이루는 청구항에는 독립항과 종속항이 있다. 독립항과 종속항의 구별은 각 청구항의 실질적인 내용에 기초하여 이루어진다. 독립항은 발명의 구성요소를 자족적으로 기재하고 있어 타 청구항을 인용하지 않는 청구항이다. 종속항은 특정한 독립항에 종속되어 그 독립항에 나타난 구성요소를 모두 그대로 원용하면서 이를 한정하거나 부가한 청구항이다. 독립항은 다른 청구항을 인용하지 않는 항으로 다른 청구항을 인용하더라도, 카테고리가 다른 항이다. 종속항은 다른 청구항을 인용하며, 다른 청구항의 구성을 한정하거나, 구성요소를 부가하거나, 구성을 구체화하는 항이다. 예를 들어 청구항 1은 독립항이고 청구항 2와 청구항 3은 청구항 1의 종속항이다.

Ex 독립항과 종속항의 예시

[청구항 1]
반도체 기판상에 형성된 제1 절연층;
상기 제1 절연층 상에 균일 두께로 형성된 제1 도전층;
상기 제1 도전층 상에 형성된 제2 절연층;
상기 제2 절연층 상에 형성된 제2 도전층; 및
상기 제2 도전층 내에 형성된 채널영역을 포함하는 것을 특징으로 하는 반도체 장치.
[청구항 2]
제1항에 있어서, 상기 제1 도전층과 제2 도전층은 서로 교차하게 형성되는 것을 특징으로 하는 반도체 장치.
[청구항 3]
제1항의 반도체 장치를 이용한 컴퓨터 시스템.

SECTION V

직무발명

1 직무발명의 이해

(1) 직무발명 개념

직무발명은 종업원 · 법인의 임원 또는 공무원("종업원 등")이 그 직무에 관하여 발명한 것이 성질상 사용자 · 법인 또는 국가나 지방자치단체("사용자 등")의 업무 범위에 속하고 그 발명을 하게 된 행위가 종업원 등의 현재 또는 과거의 직무에 속하는 발명을 말한다. 현대에는 개인의 발명보다 기업 등에서 이루어지는 직무발명이 많다. 직무발명은 혁신적 발명이 산업발전과 국가경쟁력에 영향을 미친다는 점에서 사용자 · 법인과 종업원 등의 이해관계만 있는 제도가 아니라 국가 차원에서 관리 · 조정해야 할 제도이다.

(2) 직무발명의 판단 기준

직무발명은 발명 장려와 효율적인 권리화 · 사업화 및 산업기술력 향상을 목적으로 발명진흥법에서 정하고 있다. 직무발명이 성립되기 위해서는 ① 발명이 성질상 사용자의 업무(영업) 범위에 속하고, ② 발명을 하게 된 행위가 종업원 등의 현재 또는 과거의 직무에 속하여야 한다. 특히 발명하게 된 행위가 종업원의 현재 또는 과거의 직무에 속할 것(직무관련성)이란 요건을 충족하는지를 판단하는 것이 중요하다.

직무 관련성 요건과 관련하여서, 직무발명인지 여부의 구체적 및 개별적 판단을 위하여 사용자와 근로자 사이의 계약, 근무 규정 및 기타 약정에 해당하는 지식재산권 관리에 관한 규정을 주의 깊게 살펴볼 필요가 있다.

(3) 직무발명의 소유권

직무발명은 원시적으로 발명자인 종업원에게 귀속한다. 그러나 현실적으로는 미리 사용자에게 특허 등을 받을 수 있는 권리를 승계시키거나 통상실시권을 설정하도록 하는 계약이나 근무 규정을 통해 사용자에게 귀속되도록 하고 있다. 종업원이 직무발명을 완성한 경우에는 바로 그 사실을 사용자에게 문서로 알려야 하며, 통지를 받은 사용자(국가나 지방자치단체 제외)은 대통령령으로 정하는 기간에 그 발명에 대한 권리의 승계 여부를 종업원에게 문서로 알려야 한다. 사용자가 그 발명에 대한 권리의 승계 의사를 알린 때에는 그때부터 그 발명에 대한 권리는 사용자에게 승계된 것으로 보며, 사용자가 정해진 기간에 승계 여부를 알리지 아니한 경우에는 사용자는 그 발명에 대한 권리의 승계를 포기한 것으로 본다.

(4) 종업원이 개발완료 전에 퇴직하고 그 후 완료한 경우

종업원이 개발이 완료되기 전에 회사를 퇴사하고, 회사를 나가서 그 개발을 완료한 다음 이를 직접 사업화하여 본래 근무하던 회사와 경쟁기업이 되는 사례이다. 원칙적으로 퇴직 후의 발명은 자유발명으로 보아야 할 것이나, 발명의 완성 당시에 종업원이었던 자가 직무에 속하는 발명을 완성하였음에도 불구하고 퇴직 후 출원하는 경우는 직무발명으로 보아야 한다. 발명의 완성 직전 퇴직한 경우라면 재직기간이 비교적 길고 그 기간에 체득한 지식과 경험이 발명의 완성에 커다란 역할을 한 경우 등과 같이 특별한 사정이 있는 경우에는 개인(자유)발명이 아니라 직무발명으로 인정될 수 있다. 퇴직한 종업원의 발명이 직무발명인지 여부에 관한 입증의 책임은 사용자가 부담한다.

2 직무발명 보상

(1) 발명(제안) 보상

발명 보상은 종업원 등이 고안한 발명을 특허청에 출원하기 전에 받는 보상으로 출원 여부와 관계없이 종업원 등의 아이디어와 발명적 노력에 대한 일종의 장려금적 성질을 가진 보상이다.

(2) 출원 보상

출원 보상은 종업원이 한 발명을 사용자가 특허받을 수 있는 권리를 승계하여 특허청에 출원함으로써 발생하는 보상으로 미확정 권리에 대한 대가이기 때문에 장려금적 성질을 가진다.

(3) 등록 보상

사용자 등이 승계받은 발명이 등록되었을 때 지급하는 보상이다.

(4) 실시(실적) 보상

사용자가 출원 중인 발명 또는 특허등록된 발명을 하여 이익을 얻었을 경우 지급하는 보상금으로 사용자가 얻은 이익의 액에 따라 차등 지급된다.

(5) 처분 보상

사용사가 종업원의 직무발명에 대하여 특허받을 수 있는 권리나 특허권을 타인에게 양도하거나 실시 허여하였을 때 지급하는 보상이다.

(6) 출원유보 보상

직무발명을 영업비밀 내지 노하우로 취급하는 경우 출원하지 않고 지급하는 보상으로, 이 경우 보상액을 결정할 때에는 그 발명이 산업재산권으로 보호되었더라면 종업원 등이 받을 수 있었던 경제적 이익을 고려하여야 한다.

(7) 기타 보상

출원발명의 심사청구 시에 보상하는 '심사청구 보상', 자사의 업종과 관련 있는 타인의 출원발명에 대하여 이의신청 또는 심판에 참여하여 무효로 하였을 경우 또는 자사의 특허에 대한 침해 적발 시 지급하는 '방어 보상' 등이 있다.

(8) 보상 금액의 산정

직무발명보상금 특히 실시보상금에 대한 산정은 용이하지 않으며, 실시보상금 산정의 예시가 되는 판례를 정리하여 보면 직무발명보상금의 구체적인 액수는 원칙적으로 ① 그 직무발명에 의해 사용자가 얻을 이익의 액(사용자의 이익액), ② 발명에 대한 사용자 및 종업원의 공헌도(발명자보상률), ③ 공동발명자가 있을 경우 그 중 발명자 개인의 기여도(발명자 기여율) 등의 요소를 종합적으로 고려하여 산정하여야 한다고 판시하고 있다.[2]

---

2 임세혁, "직무발명에 대한 검토", 한국자동차공학회, 『오토저널』 39(4), 2017. 4, 47면.

SECTION Ⅵ

영업비밀 제도

1 영업비밀의 정의

(1) 의의

영업비밀은 노하우(Know-how), 재산적 정보(Propriety Information), 미공개정보(Undisclosed Information), 산업기밀 또는 기업비밀과 같은 다양한 용어와 관련된다. 영업비밀 침해행위가 발생한 경우 특허권 침해와 유사하게 침해에 대한 금지청구 · 손해배상청구 · 부당이득반환청구 · 신용회복청구 등을 통해 민사적 구제를 받을 수 있으며 영업비밀 누설죄 등을 통해 형사적 구제를 받을 수 있다.

(2) 영업비밀의 유형

신기술(신소재, 신물질, 신제품) 등에 대한 연구개발 자료, 연구노트 특허출원 전 아이디어 자료나 제안서, 직무발명신고서설계도면, 제조기술, 공정기술, 노하우 등 기술 관련 자료 거래실적, 단가 등 재무 관련 자료

투자계획, 개발계획 등 미래 정책자료 등이다.

Ex 영업비밀의 정의

영업비밀이라 함은 일반적으로 알려져 있지 아니하고 독립된 경제적 가치를 가지며, 상당한 노력에 의하여 비밀로 유지·관리되는 생산 방법, 판매 방법 기타 영업활동에 유용한 기술상 또는 경영상의 정보를 말하고, 영업비밀 보유자가 직원들에게 비밀유지 의무를 부과하는 등 기술정보를 엄격하게 관리하는 이상, 역설계가 가능하고 그에 의하여 기술정보의 획득이 가능하다 하더라도, 그러한 사정만으로 그 기술정보를 영업비밀로 보는 데에 지장이 있다고 볼 수 없다. [대법원 1999. 3. 12. 선고 98도4704 판결]

2 기술 유출 방지

기술 유출을 방지하기 위하여 어떠한 대비가 필요할까? 먼저, 기업의 정보를 효과적으로 관리하고 보호할 수 있는 명문화된 보안관리 규정을 마련하여 시행해야 한다.

인적 보안관리를 위해서, 전 직원을 대상으로 보안서약서를 작성하게 하고 보안교육을 강화해야 하며, 경력직원의 채용 시에는 전 직장에서의 비밀유지 서약이나 경쟁업체 취업금지 서약의 내용을 파악하여 불필요한 분쟁을 예방할 필요가 있다. 직원이 퇴사하는 경우에도 개인 PC나 업무 관련 자료를 반납하게 하고 정보반납 서약이나 경쟁업체 취업금지 서약 등을 체결하는 것이 바람직하다.

외부 보안관리를 위해서는, 협력업체와 공동으로 업무수행 시 업체 간에는 물론 실무자와도 반드시 비밀유지 계약을 체결해야 한다. 특히, 제품소개나 구매상담, 공장견학 등에 있어서 장소와 기술자료와 홍보

팸플릿 등에 대한 사전 보안성 검토가 필요하다. 또한, 컨설턴트나 변호사, 변리사 등 외부 자문인력에 대해서도 가능하다면 비밀유지 계약을 체결해 두는 것이 필요하다.

이처럼 기업으로서는 기술 유출을 방지하는 것이 중요하지만, 이미 기술 유출이 발생한 경우에는 민사 및 형사적인 구제를 받을 수 있다.

먼저 기술 유출의 피해를 본 기업은 「부정경쟁방지 및 영업비밀보호에 관한 법률」에 규정된 침해행위에 대한 침해금지 및 예방청구권, 침해행위를 조성한 물건의 폐기 및 설비제거 청구권, 손해배상청구권 및 신용회복청구권을 통해 민사적으로 구제를 받을 수 있다.

또한, 기술 유출을 한 주체에 대하여는 「산업기술의 유출방지 및 보호에 관한 법률」이나 「정보통신망이용촉진 및 정보보호에 관한 법률」과 「통신비밀보호법」에 의한 처벌은 물론, 비밀누설죄나 업무상비밀누설죄, 업무상배임죄 등에 의해서 형사적인 처벌을 구할 수 있다. 주로 기술 유출의 경우는 외부인의 침입이 아니라 내부 인력에 의한 유출이라는 현실은 규제하는 것만이 능사가 아니다. 선량한 연구자가 피해를 보지 않도록 배려하는 것과 동시에 인센티브를 줄 수 있는 보상 시스템이 필요하다. 실질적 공헌에 따른 정당한 보상이 되도록 하여야 한다.[3]

---

3 정연덕, "직무발명 관련 과학기술연구자의 권리 보호: 산업기술의 유출방지 및 보호에 관한 법률과 부정경쟁방지 및 영업비밀 보호에 관한 법률을 중심으로", 서울대학교 노동법연구회, 『노동법연구』 23, 2007. 9, 306면.

CHAPTER 03

특허 보호

SECTION Ⅰ

특허 보호

1 지식재산 보호 필요성

(1) 보호

지식재산의 창출 및 권리화를 통해서 취득한 지식재산권은 기업의 무형자산으로서 인식되어 기업 자산의 일부분이다. 지식재산권을 타사(주로 경쟁사)에서 침해하는 경우는 기업의 경영에 큰 영향을 미친다. 즉, 침해 대응을 위해 큰 비용과 시간이 소요되고 사업을 중단해야 되는 등 경영 전반에 제약이 따르게 된다.

특허와 실용신안, 디자인, 상표는 이를 실시 또는 사용할 아무런 권한이 없는 사람이 권리자로부터 허락도 받지 않고 무단으로 등록된 권리와 동일하거나 실질적으로 동일한 내용을 업으로서 자신의 사업에 사용하면 침해가 성립한다.

사법적 분쟁해결 절차로서 대표적인 것은 형사고소와 침해소송, 가처분, 가압류와 같은 보전소송이 있다. 권리자는 심판과는 별도로 이들 절차를 동시에 진행하거나 선택적으로 진행할 수 있다.

먼저, 특허 등의 권리자는 고의적인 침해자에 대하여 형사고소를 하여 침해죄를 물을 수 있다. 권리자는 침해자에 대하여 침해행위의 금지나 손해배상, 부당이득의 반환 등을 청구할 수 있다. 이를 침해소송이라 한다. 특허와 같은 지식재산권을 둘러싼 분쟁은 대부분 침해소송에서 이루어진다. 침해 주장이 맞는지를 판단한 후 침해라고 판단하는 경우에 손해배상의 범위를 판단하게 된다. 손해배상은 권리자가 침해행위 때문에 입은 피해액을 말하며, 이 외에도 침해자가 얻은 이익이나 통상 권리자가 받을 수 있었던 기술사용료는 물론 침해자가 판매한 수량에 단위수량당 이익을 곱한 금액을 손해액으로 추정한다. 권리자는 입증이 용이한 방법으로 손해를 배상받을 수 있다.

다만, 침해가 성립하는지에 대한 판단에 있어서 다소 차이가 있다. 특허와 실용신안의 경우는 청구범위에 기재된 발명의 목적과 구성, 효과의 3가지 측면에서 제품과 대비하며, 청구범위에 기재된 각 구성요소가 제품에 반영되어 있는지가 침해 판단의 핵심이다. 청구범위를 보지 않고 상세한 설명이나 도면만을 보고 침해를 주장할 수가 있는데 이는 잘못된 것이다. 특허와 실용신안의 청구범위는 모두 복수의 구성요소로 이루어져 있는데, 만일 이들 모두가 제품에 그대로 반영되어 있다면 침해가 성립되나, 그렇지 않고 제품에 구성요소 중 어느 하나라도 반영되어 있지 않다면 원칙적으로 비침해이다.

실제 사례에서 청구범위의 모든 구성요소를 그대로 제품에 반영한 경우보다는 일부 구성요소에서 차이가 있는 경우가 많은데, 만일 일부 구성요소가 다르기는 하나 서로 동일한 목적이나 기능, 효과가 있으며 치환이 용이한 경우에는 이들 구성요소는 서로 균등한 관계에 있다고 하여 침해로 인정되는 때도 있다.

(2) 청구범위의 확정 필요성

중소기업은 자사의 기술이 어느 정도의 범위로 보호를 받을 수 있는지에 대하여 잘 모른다. 특허출원 시 자사 기술을 충분히 보호할 수 있도록 청구범위 등이 제대로 작성되었는지에 대하여 무관심하다. 특허등록을 받으면 마치 모든 관련 기술에 대하여 독점 배타권을 행사할 수 있을 만큼 넓게 보호를 받을 것처럼 착각하여 경쟁 제품에 대하여 무분별하게 경고장을 남발하거나 소송을 제기하여 큰 낭패를 보거나, 아니면 나중에 특허등록된 자신의 권리범위가 좁아서 경쟁 제품을 법적으로 제재할 수 없다는 것을 깨닫게 되는 순간 특허제도의 무용론을 말한다. 특허를 몇 건 가지고 있느냐보다는 얼마나 강한 특허를 가지고 있느냐에 관심이 있어야 한다.

2 공동발명의 경우

(1) 공동발명의 의의

발명에 대한 권리는 원칙적으로 발명자에게 귀속되기 때문에 2인 이상이 공동으로 발명한 때에는 특허받을 수 있는 권리도 공유된다. 공동발명은 2인 이상이 실질적으로 협력하여 하나의 발명을 완성한 경우에 해당한다. 협력의 내용이 '단순한 협력'인가 '실질적인 협력'인가의 여부는 구체적인 출원 · 심판 · 소송 등의 과정에서 판단될 것이나 일반적으로는 단순한 착상의 제공자 · 단순보조자 · 후원자 등은 공동발명자라 할 수 없다.

Ex 공동발명자 여부

공동발명자가 되기 위해서는 발명의 완성을 위하여 실질적으로 상호 협력하는 관계가 있어야 하므로(대법원 2001. 11. 27. 99후468), 단순히 발명에 대한 기본적인 과제와 아이디어만을 제공하였거나, 연구자를 일반적으로 관리하였거나, 연구자의 지시로 데이터의 정리와 실험만을 하였거나, 자금 · 설비 등을 제공하여 발명의 완성을 후원 · 위탁하였을 뿐인 정도 등에 그치지 않고, 발명의 기술적 과제를 해결하기 위한 구체적인 착상을 새롭게 제시 · 부가 · 보완한 자, 실험 등을 통하여 새로운 착상을 구체화한 자, 발명의 목적 및 효과를 달성하기 위한 구체적인 수단과 방법의 제공 또는 구체적인 조언 · 지도를 통하여 발명을 가능하게 한 자 등과 같이 기술적 사상의 창작행위에 실질적으로 이바지하기에 이르러야 공동발명자에 해당한다. [대법원 2011. 7. 28. 2009다75178]

(2) 공동출원의 의의

특허를 받을 수 있는 권리를 2인 이상이 동시에 가지고 있는 경우에는 공유자 모두가 공동으로 특허출원을 하여야 한다. 공동발명자가 각각 다른 연구기관의 종업원이면 각 연구기관이 출원인이 되어 공동으로 특허출원을 진행해야 하는데 공동발명임에도 단독 특허출원을 하면 특허등록 전에는 거절이유에 해당하고 특허등록 후에는 무효사유에 해당한다. 공동출원에 위반하여 특허출원이 된 경우 거절이유가 되며 특허가 허여된 경우에는 무효사유가 된다. 특허를 받을 수 있는 권리의 공유자가 그 공유인 권리에 관하여 심판을 청구하는 때에는 공유자 전원이 공동으로 청구하여야 하며, 특허출원의 포기 · 취하 등 중요한 절차에서도 전원 참가가 필요하다. 그 외 절차에서는 각자가 전원을 대표한다.

(3) 공동발명의 실시

각 공유자는 먼저 계약을 통해 공동발명과 관련된 실시 방법을 결정할 수 있다. 계약에 특별히 정한 경우가 아니라면 각 공유자는 다른 공유자의 동의를 얻지 아니하고 그 특허발명을 자신이 실시할 수 있다. 다만, 실시권 계약 체결을 위해서는 다른 공유자 전원의 동의가 필요하다.

(4) 공동발명의 지분과 수익 배분

특허권이 공유인 경우에는 각 공유자는 다른 공유자 전원의 동의를 얻지 아니하면 제3자에게 그 지분을 양도할 수 없다. 공동발명 관련 특허를 받을 수 있는 권리의 지분 비율에 대해서는 「특허법」상 아무런 규정이 없고 일반적으로 공동발명자 사이의 특별계약 또는 발명을 위해 이바지한 정도를 고려하여 정한다. 어떤 아이디어를 가지고 스스로 발명을 완성하기 쉽지 않아 제3자와 협력하는 경우에는 사전에 앞으로 발생할 수 있는 권리 · 소유관계 계약을 통해 명확히 해두는 것이 필요하다. 당사자 사이 별도의 합의가 있으면 그 합의에 따르므로 공동 특허출원을 할 경우에 관리주체 · 지분비율 등을 협의하여 계약서를 작성할 필요가 있다.

대학 및 연구소와의 공동연구를 촉진하기 위해서 자체적인 실시역량이 부족한 선의의 공유 특허권자를 보호하기 위한 제도적 보완이 필요하다. 사전에 당사자 간 계약에 위임할 수 있으나 완성된 기술이 제품화까지 걸리는 기간의 소요와 기술수명 주기 및 파급력에 따른 기술의 특성상 사전계약에서 합의 사항에 담을 수 있는 것은 한정적이다. 대부분의 분쟁은 특허권의 실시 이후에 사후적으로 발생하는 점을 고려하여 사후 조정을 위한 제도적 장치가 필요하다.[1]

---

1 이천무 · 전수범 · 유종민, "공동연구에 따른 특허권 공유의 법률관계와 주요쟁점" 한국기술혁신학회, 한국기술혁신학회 학술대회, 2014. 5, 155면.

3 특허권 변동 및 소멸

(1) 특허권 변동

가. 이전

특허권은 양도할 수 있다. 지분의 일부 또는 전부 양도가 가능하나, 특허권의 이전은 상속 기타 일반승계를 제외하고는 등록하지 않으면 효력이 발생하지 않는다.

나. 실시권 및 질권 설정

특허권자는 전용실시권 및 통상실시권을 설정할 수 있다. 특허권자는 특허권을 담보로 질권을 설정할 수 있다.

다. 특허권의 포기

특허권자는 전용실시권자, 허락에 의한 통상실시권자, 질권자 또는 직무발명에 관한 통상실시권자의 동의를 얻지 않으면 특허권을 포기할 수 없다. 특허권의 포기는 특허권 전체의 포기 및 2 이상의 청구항이 있는 경우 각 청구항별로 포기 가능하다. 특허권의 포기는 등록을 하지 아니하면 효과가 발생하지 않는다.

(2) 특허권의 소멸

가. 존속기간의 만료

특허권은 설정등록이 있는 날로부터 출원일 후 20년 경과 후 존속기간이 만료하고, 존속기간이 만료되면 특허권은 소멸된다.

나. 특허료의 불납

4년 차분부터의 특허료를 납부하지 않은 경우 납부기간이 경과한 때에 소급하여 특허권은 소멸한다.

다. 상속인의 부존재

특허권자의 사망과 같이 상속이 개시된 때 상속인이 없는 경우 특허권은 소멸한다.

라. 특허권의 포기

특허권이 포기된 경우 그 포기가 등록된 경우 특허권은 그때로부터 소멸한다.

4 특허권 침해 유형

(1) 구성요소 완비의 원칙

특허 청구범위는 복수의 기술 구성요소로 이루어져 있고 발명은 모든 구성요소가 유기적 일체로 이루어진 것이다. 특허의 침해는 침해자가 특허 청구범위의 모든 구성요소를 실시하는 경우에만 성립하고, 그중 일부만을 실시하는 행위는 원칙적으로 침해를 구성하지 않는다(All Elements Rule). 다만, 복수의 주체가 구성요소 가운데 일부를 수행함으로써 공동침해자로 결과 전체에 책임을 지거나 간접침해가 성립하는 때도 있는데, 이는 구성요소 완비의 원칙에 대한 예외 사유가 된다. 특허침해 유형은 문언침해, 균등침해, 이용침해, 선택침해, 생략침해, 불완전 이용침해, 간접침해로 구분할 수 있다.

(2) 문언침해

특허 청구범위의 문언 해석으로 특정된 특허발명의 구성요소를 모두 그대로 사용하는 것을 말한다. 따라서 복수의 구성요소로 이루어진 특허 청구범위에 대하여는 그 구성요소 전부를 그대로 이용하고 있어야 문언 침해에 해당하고 그중 하나라도 결여하고 있는 실시 형태는 적어도 문언 침해에는 해당하지 않는다.

(3) 균등침해

침해기술의 구성요소 일부가 특허발명에 대응되는 구성요소와 문언상으로는 동일하지 않더라도 서로 등가관계에 있는 것을 말한다. 균등침해는 ① 양 발명에서 과제의 해결원리가 동일하고, ② 침해발명 구성요소의 치환에도 달성하려는 목적과 효과가 동일하며, ③ 그러한 치환이 그 발명이 속하는 기술 분야에서 통상의 기술자가 용이하게 생각할 수 있을 정도로 자명한 경우, ④ 통상의 기술자가 공지된 기술과 동일한 기술 또는 공지기술로부터 용이하게 발명할 수 있었던 기술에 해당하거나, ⑤ 치환된 구성이 당해 특허발명의 특허 청구범위에서 의식적으로 제외된 것이라는 등의 사정이 없는 한 실질적으로 동일한 것으로 보아 성립한다.

우리나라 대법원 판결을 검토하면 우리나라의 '과제해결원리의 동일성' 요건과 일본의 '비본질적 부분' 요건은 문언만 다를 뿐 실질적으로 동일한 요건이라고 할 수 있다.[2]

---

2 김병필, "균등침해 요건 중 '과제해결원리의 동일성' 요건에 대한 고찰: 일본의 '비본질적 부분' 요건과의 대비를 중심으로", 한국지식재산연구원, 『지식재산연구』 8(1), 2013. 3, 34면.

(4) 이용침해

제3자가 자신의 발명을 실시하는 과정에서 타인의 특허권을 침해하는 것을 말한다. 예를 들면 구성요소를 부가한 경우(A+B로 이루어진 특허발명에 C라는 구성요소를 부가하여 A+B+C라는 발명을 실시)나 자기의 발명을 실시하는 데 불가피한 경우(선행 특허발명의 구성요소 자체를 그대로 포함하지는 않지만, 자기 발명의 실시과정에서 선행 특허발명의 실시가 수반되는 경우)이다.

(5) 선택침해

선행 특허발명의 특허 청구범위가 상위개념으로 구성되어 있을 경우 개념상 그 특허 청구범위에 속하는 하위개념을 택하여 실시하는 것이다.

(6) 생략침해

등록발명의 특허 청구범위에 기재된 구성요소 가운데 비교적 중요성이 낮은 일부 구성요소를 생략하여 실시함으로써 등록발명의 작용 효과보다 열악하거나 동일한 효과를 얻는 것이다.

(7) 불완전 이용침해

생략발명에 새로운 구성요소를 추가하여 실시하는 것이다.

(8) 간접침해

복수의 구성요소로 이루어진 결합발명에서 그 일부 구성요소만을 제조 · 판매하는 것은 원칙상 특허침해가 아니지만, 그 일부의 요소가 당해 특허발명 실시에만 사용될 뿐 다른 용도가 존재하지 않는 경우 이를 간접침해로 규정하여 보호하고 있다.

SECTION II

타사의 특허침해 시 대응

1 타사의 권리침해가 의심되는 경우

(1) 증거 수집

경쟁사나 제3자가 자사의 지식재산권을 침해한다고 의심되는 경우에는 실시품(침해가 의심되는 물건, 방법, 상표, 디자인 등)을 분해, 분석하고 자사 특허와의 관계를 조사하여 침해 증거를 잡는 것이 선행되어야 한다. 증거를 잡은 후에는 경고장에 의해 제조나 판매 등을 중지하도록 요구한다. 경고장을 보냈음에도 계속 침해품을 제조나 판매하는 경우에는 소송을 제기할 필요가 있다. 이하에는 타사의 권리침해가 의심될 경우 그 구체적 대응을 위한 절차를 소개하기로 한다.

(2) 침해 사실을 발견

침해 사실의 발견은 자사의 영업부가 거래시장에서 타사의 침해품을 발견하게 되거나, 제3자로부터의 문의나 통지를 통한 지적, 원권리자(라이선서)로부터의 지적 등을 통해서 이루어진다.

(3) 침해의 증거 수집과 침해자 조사

침해 사실이 발견된 경우, 먼저 침해행위를 뒷받침할 수 있는 증거자료(침해품, 카탈로그, 기술자료)를 수집한 다음에, 침해자에 대한 조사(침해품의 생산, 판매량, 판매망, 실시 개시의 시기, 생산 방법 등의 실시 상황과 회사 규모, 자금력, 기술력, 영업력, 자사와의 이해관계, 대리인 등 기업력의 조사)를 한다.

(4) 침해 사실 확인

수집한 증거 조사로 특정된 대상물(방법)을 자사의 특허발명과 대비하여 기술적 범위에 속하는지의 아닌지, 즉 자사의 특허발명을 침해하고 있는지를 검토한다.

(5) 침해의 입증 방법 확인

상대방의 실시가 자사의 특허를 침해하였다고 판단될 경우에는 신중을 기해 침해의 입증 방법을 모색하여야 한다. 실패할 경우에, 상대방으로부터 무고죄로 공격당할 수도 있다.

(6) 방침 확정

지금까지의 조사와 판단에서 침해자에 대해서 경고할지의 여부, 그리고 경고할 경우 앞으로의 대응에 대한 방침을 확정한다.

(7) 상대방에게 경고

경고는 통상 서면으로 행하고 경고장에서는 권리자 권리의 특정(특허번호, 공고번호, 발명의 명칭 등) 및 상대방 실시하는 방법의 특정(침해품, 방법 등) 및 회답기한 등을 명시하여 통상, 내용증명 우편으로 상대방에 발송한다. 상대방이 복수인 경우, 상대방을 특정하지 않고, 신문 지상에 게재 경고하는 경우도 있으나 많은 경우에는 직접 상대방에게 내용증명 우편으로 경고하는 방법이 가장 바람직하다.

(8) 경고장 송부 이점

특허권 등의 권리를 이용해서 시장을 선점할 수 있는 방법의 하나가 경고장의 송부이다. 보통 유통업체는 침해의 경고를 받게 되면 납품업체에 그 해결을 요구하고 문제가 해결될 때까지 제품의 판매 및 납품을 중단시킨다. 따라서 A사는 유통업체에 경고장을 보냄으로써 경쟁사가 유통업체를 통해서 제품을 판매하는 것을 막거나 적어도 일정 기간 방지할 수 있고 그 기간 내에 A사는 제품 판매에 주력함으로써 시장점유율을 증대시킬 수 있다. A사의 침해 주장에 관한 경고가 부당한 것(즉, 특허침해가 아닌 것)으로 판정되더라도 이와 같은 결과가 나올 때까지는 상당한 기간이 소요되므로 이 기간에 경쟁사는 자유롭게 제품을 판매하거나 할 수 없으며, A사는 시장을 선점할 수 있는 시간을 확보할 수 있다.

A사의 침해 주장이 침해가 아닌 것으로 판정되더라도 A사의 경고장 송부는 특허권자의 정당한 권리행사에 해당할 뿐이므로 A사는 지식재산권의 취득으로 경쟁사의 시장진입을 일정 기간 방지할 수 있는 이익이 있다. 이처럼, 상대방의 실시 제품이 침해품이라는 취지를 상대방뿐만 아니라 거래처(도매, 소매점 등)에 선전할 때 주의를 필요로 한다(예: 백화점이나 홈쇼핑 등). 만일, 상대방의 행위가 권리침해가 아니라고 판단되는 경우

"경쟁 관계에 있는 타인의 영업상 신용을 해치는 허위사실을 진술하고 또는 유포하는 행위"에 해당하여, 그 유포행위의 금지청구, 손해배상청구를 당할 경우도 있고, 또 명예훼손, 신용훼손 등 형사책임을 묻게 되는 경우도 있으므로 유포행위에 각별한 신중을 기해야 한다.

SECTION Ⅲ

타사로부터 권리침해 경고를 받은 경우

1 일반적 대응방안

선행기술조사를 한 경우라 하더라도 타사로부터 특허침해 경고를 받을 수 있다. 기업체에서 처음 경고장을 받은 경우 큰 문제가 발생한 것으로 생각하여 당황할 수 있으나 경고장의 내용을 충분히 숙지하여 상대방의 요구에 따라 적절히 대응할 필요가 있다.

(1) 경고장 내용의 사실관계를 확인

경고장을 받았을 경우에는 경고장 내용의 사실관계를 검토하고 동시에 상대방의 의향을 파악할 필요가 있다.

(2) 경고장을 잘 읽고 상대방의 주장을 이해

- 체크 사항

– 보낸 주체가 회사의 책임자인가 또는 대리인(변리사, 변호사)인가

- 상대 특허권은 특정되어 있는가?
- 자사 제품 기술은 특정되어 있는가?
- 침해라고 판단하는 증거와 이유가 명기되어 있는가?
- 상대방의 요구가 특정(제조 판매의 중지, 손해배상청구, 라이선스 청구 등)되어 있는가
- 회답기한은 언제까지인가?
- 보낸 주체가 대리인인 경우 상대의 강경 자세를 살피고, 당사자도 전문가 대리인을 세울 것인가?

상대방이 보낸 경고장에 침해 주장 이유나 근거가 명확하게 제시되지 않은 경우에 상대방에게 더욱 명확한 근거자료를 요구하여 합당한 범위 내에서 심리적 부담을 준다.

(3) 침해 여부 및 무효사유를 판단

만일 해당 권리가 경고자의 주장 그대로인 경우, 자사의 현재 실시품(또는 실시 방법)이 기술적 범위에 속하는지의 여부 즉 침해 여부 판단을 하여야 한다. 또한, 상대방 특허에 대해 무효항변을 하는 경우 효과적으로 대응할 수 있다.

(4) 경고장에 대해 조처

경고장에 대해서는 될 수 있는 한 마찰을 피하기 위해 기간 내에 성의 있는 회답을 한다. 구체적인 대응 방안은 후에 설명한다.

2 침해 여부 및 무효사유 검토

침해 경고를 받은 경우 자사 실시기술의 상대방 특허침해 여부 및 상대방 특허의 유효 여부를 판단해야 한다.

(1) 상대방 특허침해 여부 검토

자사의 실시기술이 상대방 특허를 침해하였는지는 다음과 같이 판단한다.

가. 특허침해의 개념 및 유형

특허권의 침해란 제3자가 정당한 권한이 없이 타인의 권리(특허권 또는 전용실시권)로 되어 있는 발명을 업(業)으로서 실시하는 경우를 말한다.

• 특허침해의 요건

① 유효한 권리: 특허침해가 성립되기 위해서는 특허권의 권리가 유효하여야 한다.

② 발명의 동일: 특허침해의 성립은 실시발명과 특허발명(특허 청구범위에 기재된 발명)의 동일이 전제되며 동일 여부는 발명의 구성 · 목적 · 효과를 대비하여 판단하되, 여기에서 동일이라 함은 자명한 정도의 상이를 포함하는 개념이다.

③ 업으로서 실시: 타인의 특허발명 실시는 업으로서의 실시이어야 한다. 즉, 사업적으로 실시하여야 하고, 실시의 의미는 「특허법」 제2조에 정의한 규정에 따른다.

④ 실시의 위법성: 타인의 실시는 실시권 등의 정당한 권한이 없이

하는 실시이어야 한다.

나. 특허침해의 검토

자사가 입수한 자료와 상대가 제시한 증거의 신뢰성이나 가치를 종합적으로 판단하여 침해 여부를 판단한다. 침해 여부에 대해서는 전문가인 변리사 또는 변호사에게 감정을 받는 것이 좋다.

(2) 특허 무효항변의 검토

상대방 특허를 침해하고 있다고 판단되더라도 상대방 특허가 무효사유가 있어 무효항변을 제기할 수 있다면 소송에 있어서 유리하다.

가. 무효항변의 근거조문

등록된 특허에 대한 일반적인 무효사유에는 신규성과 진보성의 결여가 대표적이다. 통상 활용되는 근거조문은 다음과 같다.

① 「특허법」 제29조 발명의 정의, 신규성, 진보성

② 「특허법」 제42조 제3항 명세서 기재요건

나. 기타 무효항변 사유

① 금반언: 권리자의 권리 불행사 언동을 믿은 실시자를 보호하는 원칙

② 선발명의 항변: 등록된 특허와 동일한 발명이 이미 타인에 의해 이루어졌다는 항변

③ 부제소 특별계약의 활용: 상대방으로부터 제소하지 않겠다는 특별계약을 받음으로써 분쟁을 미연에 방지

(3) 회피설계 검토

상대방 특허권에 대한 무효사유 조사에서 뚜렷한 무효자료를 찾을 수 없다면, 일단 가장 먼저 해야 할 것이 회피설계이다. 회피설계는 해당 제품의 기능 및 성능에는 거의 영향을 주지 않으면서도 당해 문제특허의 권리범위에서는 벗어나서 침해되지 않도록 하는 것이다. 특허는 해당 제품의 성능이 가장 좋게 발현되도록 청구항을 잡는 것이 일반적이다. 따라서 상기한 바와 같이 문제특허의 권리범위를 벗어나면서 제품의 기능 및 성능에 영향을 주지 않는다는 것은 대단히 어려운 작업이다.

3 경고장 검토

(1) 경고장 요건의 검토

문제특허의 특허번호, 특허침해 제품의 특정 여부를 검토한다. 불특정 시에는 무시해도 무방하다.

(2) 경고장 내용의 검토

특허권자의 의도(라이선스 계약을 체결하고자 하는 것인지 아니면 애초 시장진입 방해나 퇴출을 기도하는 것인지), 심각성(협상과 소 제기 중 어느 쪽에 더 기울어 있는지), 요구사항의 수용 가능성 및 협상 가능성 등을 종합적으로 철저히 검토한다.

(3) 대리인 선임 필요 검토

① 특허분쟁을 둘러싼 경고장 처리에 관하여 회사 내 처리능력, 경험이 충분하지 못한 경우

② 대상제품이 기업에 높은 이익을 주는 주요 제품이고, 위험이 많은 경우

③ 권리자 또는 대리인이 제품 비즈니스는 없이 특허 비즈니스만을 하는 특허 마피아 등의 악덕 업체로 알려진 경우

(4) 전문가의 감정서 확보

고의 침해에 대한 중벌 적용을 회피할 수 있는 효과적인 방어책이다.

(5) 경고장에 대한 회신

경고장에 대해 응답하지 않으면 추후 소송에서 불성실한 태도로 비칠 수 있으므로 적당한 시기를 봐서 잠정적 회신하고 시간을 확보한다. 성실하게 대응한 기록을 남기기 위해 필요한 사항만을 냉정하고 간결하게 서술한다. 권리자의 공격을 제어하기 위해서는 부담을 주는 일이 가장 효과적이다. 특히 외국 선진기업들이 우리 기업의 대응능력의 미숙한 점을 이용하여 쉬운 방법으로 이득을 얻으려는 의도로 행해지는 무분별한 경고장 남발을 미연에 방지하는 효과적 수단이다

4 무효자료의 조사와 대응무기 파악

(1) 무효자료 조사

연구/개발원들과의 협의를 통해, 일반논문, 카탈로그, 매뉴얼 등 기타 자료에 대한 선행기술조사는 연구/개발팀원이 조사한다. 특허부서원들은 특허에 대한 선행기술조사를 진행하기로 업무분담을 하고 무효자료

를 조사한다. 또한, 외부 조사 전문기관에 조사를 의뢰하여 내외에서 병행하여 조사한다.

(2) 대응무기 여부 파악

상대방이 소송을 제기해 올 경우, 우리도 우리가 보유하고 있는 특허를 이용하여 상대방 제품에 대한 특허 맞소송을 제기함으로써, 크로스 라이선스를 유도하거나, 특허의 경중을 따져서 로열티 협상 시보다 유리한 협상을 이끌어 내기 위하여 대응무기가 될 수 있는 특허가 있는가 살펴본다.

SECTION Ⅳ

분쟁해결 방안

1 분쟁해결 종류

타사가 자사의 특허를 침해하였든지 또는 타사로부터 침해 경고를 받았든지 분쟁이 발생하면 이를 효율적으로 해결해야 한다. 소송제도를 통하여 해결할 것이 있고 소송 외적 제도를 통하여 해결해야 할 것이 있다.

특허권의 침해행위에 대해서는 「특허법」 제128조의 손해배상청구와 「민법」 제750조의 손해배상청구가 가능하다. 「특허법」 제128조의 손해배상청구권 규정은 「민법」 제750조의 특별법으로서 특허권자 등의 손해액 산정의 어려움을 덜어주고 인과관계의 요건을 완화한 규정이라고 볼 수 있다. 특허권자(또는 전용실시권자)는 「특허법」 제128조에서 정하지 않은 사항에 대해서는 「민법」 제750조의 불법행위에 따른 손해배상을 청구할 수 있다. 침해자에게 ⓐ 고의 또는 과실이 있어야 하고 ,ⓑ 손해가 발생하여야 하며, ⓒ 침해행위와 손해 사이와 인과관계가 있어야 한다.

산업재산권, 즉 특허와 실용신안, 디자인, 상표의 발생과 변경, 그 효력범위에 관한 분쟁을 해결하기 위한 심판제도가 있다. 특허 등에 대한 심판은 행정심판의 일종으로, 일반 법원에서 담당하는 특허침해소송과는 달리 특허청 소속의 특허심판원에서 담당한다. 특허분쟁을 해결하는 심판제도로는 무효심판과 권리범위확인심판이 대표적이다.

무효심판은 등록된 권리에 대하여 권리자로부터 권리행사를 당하였거나 그럴 염려가 있는 이해관계를 맺은 제3자가 그 등록무효를 청구하는 것이다. 무효심판의 결과 권리가 무효로 확정되면 그 권리는 처음부터 없었던 것이 되므로 제3자로서는 가장 강력한 대응 수단이 될 수 있다. 이를 위해서는 무효사유에 관한 입증이 매우 중요하다. 권리자는 물론이고 이해관계를 맺은 제3자는 권리범위확인심판을 통해 제3자의 제품 또는 상표가 등록된 권리의 효력범위에 속하는지를 확인받을 수 있다. 권리범위확인심판은 그 자체로는 집행력을 갖지 못하나, 심결을 통해 특허분쟁을 조기에 해결할 수 있을 뿐만 아니라 형사소송이나 민사소송의 결론에 크게 영향을 미칠 수 있다는 점에서 많이 이용된다. 특허심판원의 모든 심결에 대하여는 특허법원에 제소하여 그 심결의 취소를 구할 수 있으며, 만일 특허법원의 판결에 불복하는 경우에는 대법원에 상고하여 최종적인 판단을 구할 수 있다.

2 심판제도

(1) 무효심판

가. 의미 및 취지

일단 유효하게 설정 등록된 특허권 등을 무효사유를 이유로 심판에 의하여 그 효력을 소급적으로 또는 장래에 향하여 상실시키는 심판을 말한다. 착오로 허여된 특허권 등이 계속 존속하면 특허권자 등에 대한 부당한 보호가 됨은 물론 국가산업에도 유익하지 못하므로 등록 무효심판을 통하여 부실 권리를 정리하기 위한 제도이다. 무효심판은 특허권자로부터 경고장이나 침해금지청구와 같이 특허권에 기한 공격을 받은 자 또는 받을 우려가 있는 자가 침해를 면하기 위한 반격의 수단으로 활용되고 있다.

나. 당사자

무효심판은 심사관 또는 이해관계인이 청구할 수 있다. 심사관의 경우 공익의 대변인으로서 잘못 등록된 특허를 무효화하여 일반 공중이 자유롭게 이용할 수 있도록 한다는 취지에서 무효심판을 청구할 수 있도록 하였으나 실제로 심사관이 무효심판을 청구하는 경우는 거의 없다. 실제로는 거의 모든 무효심판은 이해관계인이 청구하며, 여기서 이해관계인이란 특허권자로부터 권리의 대항을 받을 염려가 있어 현재 손해를 받거나 후일 손해를 받을 염려가 있는 자를 의미한다. 무효심판의 피청구인은 특허권자이고 특허권이 공유인 경우 공유자 전원을 상대로 무효심판을 청구하여야 한다.

다. 무효사유

① 특허권을 향유할 수 없는 외국인에게 특허가 허여된 경우

② 산업상 이용 가능성이 없는 경우, 신규성이 없는 경우, 및 진보성이 없는 경우

③ 발명 내용이 공서양속이나 공중위생을 해할 염려가 있는 경우

④ 동일한 특허나 실용신안이 먼저 출원된 경우나, 같은 날에 출원되어 협의에 의하지 않고 특허권이 설정된 경우(선출원주의 위배)

⑤ 발명의 상세한 설명이 통상의 기술자가 용이하게 실시할 수 있도록 기재되지 않은 경우

⑥ 특허 청구범위가 상세한 설명에 뒷받침되지 않거나, 명확하지 않은 경우

⑦ 특허를 받을 수 있는 권리가 공유인 때, 공유자 전원이 특허출원하지 않은 경우

⑧ 특허를 받을 수 있는 권리가 없는 자에게 특허가 허여된 경우

⑨ 조약에 위반되어 허여된 경우

⑩ 특허된 후 권리자가 권리 향유능력이 없는 자가 되거나 특허가 조약에 위반된 경우

⑪ 최초 출원 명세서 또는 도면에 기재된 사항의 범위 안에서 보정이 되지 않은 경우

⑫ 이중출원으로 실용신안권이 포기되지 않은 경우

(2) 권리범위확인심판

가. 의미

권리범위확인심판은 특허권자 또는 이해관계인이 특허발명의 보호범위를 확인하기 위한 제도이다. 일반적으로 권리자는 자기의 권리범위를 넓게 해석하려고 하고 확인대상발명 실시자는 이를 좁게 해석하려는 경향이 있어 분쟁이 발생할 우려가 크다. 따라서 국가기관의 객관적인 해석을 통하여 분쟁해결에 기여하는 제도이다.

나. 적극적 권리범위확인심판

적극적 권리범위확인심판은 특허권자가 제3자를 피청구인으로 하여 "제3자가 실시하고 있는 발명(확인대상발명)이 자신의 특허권의 권리범위에 속한다"는 심결을 구하는 심판이다.

다. 소극적 권리범위확인심판

소극적 권리범위확인심판은 제3자(이해관계인)가 특허권자를 피청구인으로 하여 "자신이 실시하고 있는 발명(확인대상발명)이 특허권자의 특허권의 권리범위에 속하지 아니한다"는 심결을 구하는 심판이다.

라. 확인대상발명의 특정

권리범위확인심판은 특허발명의 청구범위와 구체적으로 문제된 실시형태(확인대상발명)와의 관계에 있어서 권리의 효력이 미치는 범위를 구체적으로 확정하는 것이므로 문제된 실시 형태인 확인대상발명은 특허발명의 구성요건에 대응하는 부분과의 차이점을 판단할 수 있을 정도로 그에 대응하는 구성요건을 특정하여야 한다. 만일 확인대상발명을 구체적으로 특정하지 못하는 경우 권리범위에 속하는지 여부를 판단하지 않고 심판청구는 부적법한 것이 되어 각하된다.

마. 권리 대 권리범위확인심판

특허권자가 제3자를 상대로 적극적 권리범위확인심판을 청구하면서 확정한 확인대상발명이 단순히 제3자가 실시하고 있는 발명이 아니라 특허등록을 받은 경우를 적극적 권리(특허권자의 특허) 대 권리(제3자의 특허)범위확인심판이라고 한다. 이와 같은 심판청구는 무효심판에 의하지 아니하고 제3자의 권리를 부정하는 결과가 되므로 심판청구는 부적법한 것이 되어 각하된다. 반면에 제3자가 자신의 특허발명이 타인의 특허발명의 권리범위에 속하지 아니한다는 소극적 권리 대 권리범위확인심판은 제3자의 권리를 부정하는 것이 아니므로 적법한 심판청구로 인정된다.

바. 심결의 효과

"속한다"는 취지의 심결로 확인대상발명이 특허권의 권리범위에 속한다는 취지의 심결(적극적 권리범위확인심판의 인용심결 또는 소극적 권리범위확인심판의 기각심결)이 있으면, 확인대상발명의 실시는 특허권을 침해하게 된다. "속하지 아니한다"는 취지의 심결로 확인대상발명이 특허권의 권리범위에 속하지 아니한다는 심결(적극적 권리범위확인심판의 기각심결 또는 소극적 권리범위확인심판의 인용심결)이 있으면, 확인대상발명의 실시는 특허권을 침해하지 않게 된다.

사. 권리범위확인심판과 침해소송과의 관계

권리범위확인심판 결과에 법원이 구속되는지 여부에 대해서는 다양한 견해가 있으나, 일반적으로 법적 구속력은 없는 것으로 해석되고 있다. 즉 권리범위확인심판에서 "속한다"는 취지의 심결이 있는 경우라도 법원은 이와 달리 판단하여도 무방하다는 것이다. 그러나 실무적으로는 권리범위확인심판의 심결이 있는 경우 법원이 이와 다른 취지의 판결을 내리는 경우는 거의 없다. 2012후4162 전원합의체 판결은 권리범위확인심판에서 특허발명의 신규성 여부는 판단할 수 있고, 진보성 여부는 판단할 수 없다고 하였다. 대상판결은 권리범위확인심판 제도의 목적 및 본질 등에 비추어, 진보성 여부를 심리 · 판단할 수 없다는 태도를 명확히 하면서 종래 긍정설을 취한 대법원 판결을 변경한 점에서 큰 의의가 있다.[3]

(3) 거절결정불복심판

가. 의미 및 취지

거절결정불복심판은 거절결정을 받은 특허출원인이 그 결정에 불복하기 위해서 청구하는 심판을 의미한다. 심사관의 결정에 대하여 불복기회를 보장하여 출원인을 보호하기 위한 제도이다.

나. 심결의 효과

인용심결의 경우 심판관은 원결정을 취소하게 되고, 취소의 기본이 된 이유는 심사관을 기속한다. 따라서 심사관은 심판관이 제시한 이유를 다시 번복할 수 없다. 다만, 취소의 기본이 된 이유 이외에 새로운 거절이유가 있는 경우 새롭게 거절이유를 다시 통지할 수 있다.

기각심결의 경우 불복하지 않으면 거절결정이 확정되고, 이에 대하여 다시 불복하고자 하는 경우 특허법원에 심결취소소송을 제기할 수 있다.

3 소송제도

(1) 소송제도

가. 민사적 구제 수단

분쟁해결을 위한 소송제도로서 침해금지청구, 손해배상청구, 신용회복청구, 부당이득반환청구, 가압류 · 가처분의 민사적 구제 수단이 있다.

3 김원준, "권리범위확인심판에서 진보성 심리 · 판단 여부: 대법원 2014. 3. 20. 선고 2012후4162 전원합의체 판결을 중심으로", 전남대학교 법학연구소, 『법학논총』 35(3), 2015. 12, 366면.

① 침해금지 및 예방청구권: 특허권자 · 전용실시권자는 자기의 권리를 침해한 자 또는 침해할 우려가 있는 자에 대하여 고의 · 과실을 불문하고 침해의 금지 또는 예방을 청구할 수 있다. 침해금지청구권의 내용으로 침해행위를 조성한 물건(물건을 생산하는 방법발명인 경우에는 침해행위로 생긴 물건을 포함)의 폐기, 침해행위에 제공된 설비의 제거 기타 침해 예방에 필요한 행위를 청구할 수 있다.

② 손해배상청구권: 특허권자 · 전용실시권자는 고의 또는 과실로 권리를 침해한 자에 대하여 손해배상을 청구할 수 있다.

③ 신용회복조치청구권: 특허권자 또는 전용실시권자는 타인이 고의 또는 과실로 특허발명을 침해하여 업무상의 신용을 실추케 한 때에는 법원에 신용회복조치를 청구할 수 있으며, 법원은 손해배상에 갈음하거나 손해배상과 함께 신용회복조치를 명할 수 있다.

④ 부당이득반환청구권: 법률상 원인 없이 타인의 특허권 또는 전용실시권으로 인하여 이익을 얻고 이 때문에 권리자에게 손해를 입힌 자에게 그 이익을 반환하도록 청구할 수 있는 권리를 말한다.

⑤ 추정

- 손해액의 추정: 권리를 침해한 자가 침해행위로 이익을 받은 때에는 그 이익의 액을 손해의 액으로 추정하며, 또한 특허발명의 실시에 대하여 통상 받을 수 있는 상당액을 특허권자 · 전용실시권자가 받은 손해액으로 하여 손해배상을 청구할 수 있다.
- 생산 방법의 추정: 물건 생산 방법의 발명에 관하여 특허가 된 경우에 그 물건이 특허출원 전에 국내에서 공지된 물건이 아닌 때에는 그 물건과 동일한 물건은 그 특허받은 방법에 따라 생산된 것으로 추정한다.

- 과실의 추정: 타인의 특허권 또는 전용실시권을 침해한 자는 그 침해행위에 대하여 과실이 있는 것으로 추정한다.

⑥ 가처분: 특허권자는 자신의 특허권이 침해되고 있음을 이유로 침해금지명령을 발해 줄 것을 법원에 청구할 수 있는바, 특히 본안에 관한 최종적인 심리이전의 단계에서(제소 전 · 후를 불문) 침해피의자에게 잠정적인 침해금지명령을 내리는 것을 가처분이라고 한다. 가처분 명령은 특허권자에게는 매우 실효적이고, 강력한 공격 수단이 되며 침해혐의자에게는 즉각적인 사업 중단을 가져오는 두려운 존재이다. 따라서 법원에서의 가처분의 인정은 매우 엄격한 요건을 필요로 하고 있다. 침해혐의자에 대한 불측의 손해를 입힐 수 있기 때문이다. 요건들에 대한 입증책임은 가처분 신청권자(원고)가 부담한다.

나. 형사적 구제 수단

① 특허권 침해죄: 특허권 또는 전용실시권을 고의로 침해한 자는 7년 이하의 징역 또는 1억 원 이하의 벌금을 과하게 되어 있다. 친고죄로서 특허권자 또는 전용실시권자의 고소가 있어야 한다.

② 몰수: 법원은 특허권 또는 전용실시권을 고의로 침해한 경우에는 침해행위를 조성한 물건 또는 그 행위로부터 생긴 물건은 이를 몰수하거나 피해자에게 교부할 것을 선고하여야 한다.

③ 양벌죄: 법인의 대표자, 법인 또는 개인의 대리인, 사용자, 기타 종업원이 업무와 관련하여 침해죄, 허위표시의 죄, 사위행위의 죄를 범하였을 때에는 행위자를 벌하는 외에 그 법인 또는 개인에 대하여도 벌금형을 부과한다.

(2) 소송 외적 해결제도

가. 개요

심판 · 소송을 통한 해결은 일반적으로 장기간의 시간이 소요된다. 상품 라이프사이클이 짧아지고 기술수명이 날로 단축되고 있으므로, 사법적 절차가 종료되는 시점이 되면 사실상 법적 구제 실익이 희박해진다. 기업은 분쟁해결에 큰 비용을 지급해야 하는 등 기업 경쟁력을 잃게 된다. 따라서 첨단기술 분야 등의 급속한 발전으로 분쟁내용이 고도화, 복잡화되어감에 따라 지식재산권 분야의 전문가에 의한 간이 중재 · 조정제도가 필요하다.

이러한 소송 외적 해결제도의 장점은 다음과 같다. 신속하고 비용 측면에서 경제적이며, 편리하고, 비공식적인 절차에 의하여 문제를 해결할 수 있다. 소송보다 저렴한 비용을 들여 손해배상의 청구가 가능하다. 당해 분야 전문가들의 도움으로 분쟁을 조기에 해결할 수 있다. 소송절차에 의하여 공개될 수 있는 회사의 영업비밀을 보호할 수 있다.

나. 제도의 종류

① 중재제도: 분쟁 당사자의 합의에 따라 분쟁에 관한 판단을 법원이 아닌 제3자(중재인 또는 중재기관)에게 맡겨 그 판단에 복종함으로써 분쟁을 해결하는 방법이다.

② 조정제도: 중재와 마찬가지로 재판에 의하지 않고 당사자 간의 분쟁해결을 도모하는 제도이다. 중재의 경우에는 제3자의 판단이 법적인 구속력을 가지며, 당사자는 이에 따라야 하지만, 조정안은 법적인 구속력이 없어 당사자가 이를 수용하지 않을 수도 있다. 지식재산권에 대한 분쟁에 대한 대표적인 조정기관으로는 산업재산권분쟁조정위원회

가 있다.

③ 협상: 협상이란 협상에 참여하는 양 당사자가 협상의 타결(또는 협상의 대상)에 대한 서로의 기대를 일치시켜 가는 과정이다.

다. 기타

소송을 통하지 않고 분쟁을 해결하는 중재와 조정 이외에도 행정기관인 관세청은 산업발전을 저해하고 소비자를 기만하여 국제적으로 금지되고 있는 불공정무역 행위인 상표권 침해 물품, 저작권 침해 물품의 수출입을 금지하고 있다. 무역위원회를 통하여 지식재산권 침해 상품의 수출입을 금지하거나 과징금을 부과할 수 있다.

SECTION V

특허침해소송의 단계별 대응전략

1 소송 준비에서 대응전략

특허분쟁 해결 수단의 대표적인 방법인 특허침해소송에 대해 살펴본다. 특허침해소송에서 소송 준비단계, 소송 진행단계 및 소송 완료단계의 대응전략을 살펴본다.

(1) 소송전담팀 구성

소송은 분쟁이기 때문에, 이것에 필요한 부서와 전략이 필요하다. 즉 책임자, 협력자, 기술자와의 협력관계의 구성과 경영 책임자와의 긴밀한 협조 등이 요구된다.

(2) 대리인 선임

소송은, 통상 소송대리인을 중심으로 진행되므로 대리인의 선임이 필요한 경우가 많다. 특허소송에 정통한 변리사, 변호사를 선정함에 있어서 세심한 주의가 필요하다.

(3) 소송비용의 견적

예상되는 사안을 사전에 충분히 파악하여 소송이 완료되기까지의 소송비용을 파악해 둔다. 소송에서 패소하는 경우에 상대방 소송비용까지 지급해야 됨을 명심해야 한다.

(4) 소송전략

공격 또는 방어 그 어느 쪽의 입장이라도 소송을 제기한 이상, 사안을 냉철하게 분석하여 유리한 점, 불리한 점을 자세히 검토하여 체면에 집착하지 않고, 경제원칙에 따라 소송에 임한다.

(5) 권리범위확인심판 검토

권리범위확인심판은 법적 구속력을 가지지 않는 특허심판원의 심판제도이므로 심결을 빠른 시기에 얻을 수 있다면 실질적으로 이용 가치는 매우 크다. 따라서 실시품이 특허발명의 기술적 범위에 속하거나 속하지 않을 개연성이 있다고 생각하는 측이, 전략의 하나로서 권리범위확인심판을 검토하는 것도 좋은 방법이다.

(6) 증거보전 대책 연구

권리자는 실시품의 결정적 증거를 얻을 수 없거나 증거인멸의 우려가 있을 경우에 소 제기 전에 법원에 대한 증거보전 신청을 고려해 볼 필요가 있다. 반대로 실시품 실시자는 증거보전 신청에 따른 재판과정에서 실시품이 비밀유지 의무가 있는 계약에 따른 경우이거나 중요한 노하우

기술에 해당하는 경우임을 적극적으로 주장할 필요가 있다.

(7) 가처분 대책

방어 측에서 가장 염려가 되는 사항은 갑자기 가처분 결정이 내려져 실시품의 실시가 중지되는 경우이다. 공격 측에 있어서는 이보다 더 효과적인 수단이 없기 때문이다.

(8) 특허무효심판 청구

방어 측으로서는, 소송의 대항 수단으로서 특허무효심판을 청구할 수 있다. 성공확률은 낮지만 실제로 특허성의 판단 시 의외의 효과를 기대할 수 있다.

2 소송 진행의 대응전략

(1) 상대방을 누구로 하는가를 선정

실시품의 실시자가 한 사람이라면 큰 문제는 없지만, 상대가 복수인 경우 누구를 피고로 할 것인가 하는 점이 포인트가 된다.

(2) 관할 법원 선정

특허침해소송(침해금지청구, 손해배상, 신용회복 등)은 일반법원(서울 중앙, 대전, 대구, 부산, 광주 등 전국 5개 지방법원이 1심 담당, 다만 서울중앙지방법원의 중복관할 인정)에서 담당하고 있다.

(3) 본안소송인지 가처분인지 결정

통상의 재판 절차가 본소이며, 그 판결을 기다리고 있으면 권리자의 피해가 크다고 판단될 경우에는 단기결정의 가처분신청 절차가 있다. 이러한 경우 가처분신청을 먼저 행하고 다음에 본소로 이행하는 경우가 많은데, 그 반대로 하여도 상관없다.

(4) 청구내용 선정

권리자는 특허권의 효력상 얼마간의 청구권이 있다. 한편 상대는 권리자에 대해서 소극적인 응소에 머무르지 않고 역으로 적극적으로 확인소송으로 대응할 수도 있다.

(5) 실시품 물건 특정

원고(권리자)는 입증 책임상 실시품을 특정하여 다투게 된다. 한편 피고가 상이한 실시품을 제출하여 다툼으로써 결국 쌍방 타협의 산물로서 특정되는 경우가 많은 점에 유의하여야 한다.

3 소송 종료단계 대응전략

(1) 화해의 방법 파악

화해는 분쟁해결을 위한 하나의 방법이다. 위에서 설명한 바와 같이 중재나 조정을 통해서도 분쟁해결을 할 수 있다.

(2) 손해배상금 지불 방법

판결이 확정되면 그 주문에 따라 당사자를 구속한다. 승소일 경우에는 실시정지나 손해배상 등의 강제집행을 할 수 있다. 배상금을 지급할 경우, 당사자 사이에 일괄 또는 분할의 방법으로 당사자 간 합의로 결정한다.

CHAPTER 04

특허 활용

SECTION I

특허 활용

1 지식재산의 활용

지식재산은 활용될 때 의미가 있는 재산이다. 기업의 존재 목적이 이윤 창출인 점을 고려할 때, 기업이 보유한 지식재산을 활용하여 이윤 창출로 연결할 필요가 있다. 기업이 지식재산을 이윤 창출로 전환하기 위한 전략으로서 자사가 보유한 지식재산을 제품 생산단계에서 자기 실시하거나 타인이 실시하게 할 수 있다. 타인 실시는 자사가 보유한 지식재산을 타사에 라이선싱하거나 매각하는 방법이 있다. 또한, 자사의 지식재산에 대해 공동으로 개발 생산할 업체와 제휴하는 방법도 있다.

기업에 있어서 자금의 흐름은 기업의 생존과도 직결되기 때문에 기업의 재무구조를 튼튼히 할 필요가 있다. 기업의 재무구조는 크게 자산과 부채 및 자본으로 구분된다. 여기에서, 기업이 보유한 지식재산은 재무적인 관점에서 무형자산으로 나타난다. 그러나 무형자산은 회계기준에 따라 취득원가로 실현되므로 무형자산의 기치를 충분히 반영하지 못한 문제점이 있다. 따라서 무형자산을 이용하여 재무적인 구조를 튼튼히 하는 방법으로는 타인 자본 구조를 강화하는 것도 하나의 방안으로 고려할 수 있다. 타인 자본 조달의 방법으로 자사의 무형재산 즉, 지식재산을 활용할 수 있다면 크게 도움이 될 것이다. 예를 들어 지식재산을 담보로 하여 자금을 융자할 수 있을 것이다. 지식재산을 활용하여 기업의 이윤을 창출하는 다른 전략으로는 기업의 가치를 높여서 투자자를 모으는 방안을 고려할 수 있다. 즉, 핵심기술을 권리화하여 안정된 지식재산을 외부로 홍보하여 투자자가 더욱더 많은 투자자금을 모을 수 있다.

2 지식재산을 활용한 이윤 창출

기업의 존재 목적이 이윤 창출인 점을 고려할 때, 기업이 보유한 지식재산을 적극적으로 활용하여 이윤 창출로 연결할 필요가 있다. 지식재산을 이용하여 이윤을 창출하기 위한 전략으로서 지식재산의 자사 실시와 라이선싱, 매각, 양도 등과 같은 타사 실시가 있다.

(1) 지식재산의 자사 실시

자사의 특허발명이 판매 중인 히트 상품에 관한 것이라면, 자사의 특허권에 속하는 타사의 모방 제품과 유사 제품을 저지하여 그 상품에 대한 제조와 판매 등의 사업을 독점할 수 있도록 특허를 활용하는 것도 바람직하다. 특허권의 효력에 따르면, 특허권자인 자사만이 사업으로서 그 특허발명을 실시할 수 있다.

(2) 지식재산의 타사 실시

지식재산의 실시에는 자사에서 실시하는 것 이외에도 타사에 대하여 실시하는 것도 있다. 예를 들어 타사를 대상으로 실시권 등을 설정함으로써 실시권을 실행하거나(즉, 라이선싱을 하거나), 회사에서 이용하지 않는 미이용 지식재산권(즉, 휴면특허)을 타사에 양도하여 타사에서 이를 실시하게끔 하는 것이다.

3 기술사업화의 정의와 유형

(1) 정의

기술사업화는 기술을 이용하여 제품을 개발 · 생산 또는 판매하거나 그 과정의 관련 기술을 향상하는 것을 말한다. 즉 기술사업화는 ⓐ 제품의 개발 · 생산 · 판매, ⓑ 개발 · 생산 · 판매 관련 기술향상이다.

(2) 기술사업화 전문회사

기술사업화 전문회사는 대학 · 정부출연(연)이 보유한 기술의 사업화(창업)를 전문적으로 추진하기 위하여 — 대학 · 정부출연(연)이 보유한 기술을 현물출자 받아 — 설립한 회사를 말한다. 기술사업화 전문회사가 사업화를 추진하는 방법은 ① 기술이전을 통한 기술사업화, ② 자회사 설립(창업)을 통한 기술사업화로 구분할 수 있다. 기술사업화 전문회사는 ⓐ 산학연협력 기술지주회사(「산업교육진흥 및 산학연협력 촉진에 관한 법률」), ⓑ 공공연구기관 첨단기술지주회사(「기술의 이전 및 사업화 촉진에 관한 법률」),

ⓒ 신기술창업 전문회사(「벤처기업육성에 관한 특별조치법」)로 구분할 수 있다. 대학은 산학연협력 기술지주회사와 신기술창업 전문회사를 설립할 수 있고, 정부출연(연)은 공공연구기관 첨단기술 지주회사와 신기술창업 전문회사를 설립할 수 있다.

4 기술창업의 정의

기술창업은 기술수요자(법인 또는 자연인)가 기술공급자로부터 기술을 이전받아 창업하는 것을 말한다. 기술공급자는 기술사업화 전문회사, 정부출연(연), 대학, 기업, 개인이 될 수 있다.

SECTION II

기술이전

1 기술이전의 방법

기술이전의 방법은 기술양도, 실시권 허락, 기술지도, 공동연구, 합작투자, 인수 · 합병으로 구분할 수 있다.

2 기술양도(유상·무상)

(1) 기술양도

기술양도는 기술공급자 측면에서는 기술(지식재산권)의 관리부담을 덜어주게 되고, 기술수요자 측면에서는 기술의 소유권을 취득하게 된다. 기술양도는 기술공급자와 기술수요자 모두 선호하는 유형이며 적정한 기술료만 합의되면 신속하게 추진할 수 있다. 기술자료(예를 들면, 도면 · Microfilm) 매매도 양도의 유형이다. 지식재산권은 기본적으로 자사 실시를 목적으로 확보된 것이다. 그러나 기업 내에 미이용 지식재산권이 늘어남에 따라 이를 위한 관리비용도 많은 부담이 된다. 이러한 미이용 지식재산권의 처분이라는 측면에서 지식재산권의 양도 방식을 채택할 수 있다.

(2) 양도 계약서의 작성

지식재산권의 양도를 실행한 경우에는 다른 양도 계약과 같이 양도 계약서를 작성하는 것이 바람직하다. 양도 계약서의 작성이 양도 계약의 효력발생요건이 아닌 것은 동산 등의 양도 계약과 동일하지만, 계약 내용을 명확히 하고 후일의 문제 발생을 회피하기 위해 실무상 계약서를 작성하는 것이 일반적이다. 대상이 지식재산인 경우, 통상의 동산 양도 등과 비교하여 특수한 약정이 필요한 경우가 많고, 서면으로 작성해야 할 경우가 많다. 한편 지식재산의 양도 계약의 경우에는 소위 하자담보의 문제에 대해서 양 당사자 간에 충분히 협의하여 명확하게 규정해 둘 필요가 있다. 왜냐하면, 특허권을 중심으로 하여 그 무효를 다투는 위험성이 매우 높고, 무효 주장된 경우의 대응(양도인의 상당 정도의 협력이 필수적)과 무효로 된 경우의 대처(상품의 회수 및 설비의 폐기 등을 전제로 하여 특허권이 무효로 된 경우의 영향은 심각)에 대하여, 명확히 규정해 두는 것은 특히 특허권의 양도를 받는 측에서는 필수적으로 고려하여야 한다.

(3) 양도 계약서의 관리

양도 계약서의 관리의 필요에 대해서는 다른 양도 계약서와 동일한 관리를 적절하게 해야 한다. 더욱이, 동산 등 양도의 경우에는 양도 후 결제를 한 후에는 어떠한 문제점이 발생한 경우를 제외하고 정기적으로 그 내용 등에 관해 확인할 기회는 드물지만, 양도대상이 지식재산인 경우 정기적으로 조사 등이 필요하다. 그 계약의 내용 여부에 따라 통상의 양도 계약서와 동일한 관리를 하는 것보다는 임대차 계약 등의 계속된 거래에 관한 계약 서류와 동일한 관리를 필요로 한다.

3 실시권 허락

실시권(License) 허락은 기술의 소유권은 그대로 기술공급자에게 두고 기술의 사용권을 타인에게 허락하는 것이다. 기술수요자는 양도보다 상대적으로 적은 기술료를 초기에 지급(착수기술료)하고 기술의 사용권을 획득한 후 정액기술료 또는 매출실적에 따른 정률기술료를 지급한다. 기술공급자는 통상실시인 경우에는 제3자에게 실시권을 허락할 기회도 있고, 기술수요자는 계약기간 동안 기술을 사용하다가 사업환경을 고려하여 재계약 여부를 결정할 수 있다.

특허권 등의 지식재산에 대하여 라이선스할 경우, 반드시 라이선스 계약서를 작성해 두어야 한다. 라이선스 내용을 명확히 하여 후일의 분쟁을 회피하기 위해서 계약서의 작성이 필수적이다. 특히, 라이선스의 내용을 가능한 상세한 내용으로 하는 것이 바람직하다. 또한, 라이선스 계약의 내용이 「독점금지법」상 규제에 저촉하지 않도록 유의할 필요가 있다. 한편 특허권은 존속기간이 있는 유한권리로서 존속기간 만료일 이후에는 누구든지 실시할 수 있다. 라이선스 계약을 체결한 경우에는 그 계약서를 적정 부서에서 관리해야 한다. 당해 계약에 설정 기간을 정한 경우에는 물론 설정 기간이 정해져 있지 않은 계약도 일정 기간마다 내용을 점검하여야 한다. 즉, 설정계약에 정해져 있는 계약자의 권리의무(예를 들면, 라이선스료의 지불 등)가 적절하게 이행되고 있는지 등 라이선스 계약에 기재된 사항의 준수 상황의 확인 이외에, 내용 그 자체에 대해서 실정에 맞지 않는 것이 있는지를 확인한다. 필요 시, 상대방과 교섭한 후에 내용의 변경을 하는 경우도 고려한다. 실시권의 유형은 다음과 같다.

(1) 전용실시권

전용실시권(Exclusive License)은 기술보유자(Licensor)와 실시권자(Licensee)의 계약으로 정한 범위 내에서 기술을 독점적 · 배타적으로 실시할 수 있는 권리이다. 전용실시권 계약을 체결한 기업은 계약에서 설정된 범위(예를 들어 일정 지역 및 기간) 내에서 특허권을 독점적으로 실시할 수 있다. 이때 전용실시권 계약에서 설정된 지역과 기간은 특허권자라도 실시할 수 없음에 유의하여야 한다.

전용실시권은 설정행위로 정한 범위에 대해서 특허권자가 본래 가지고 있는 권리와 실질적으로 변함이 없는 배타적 독점권을 수반한 실시권이다. 따라서 전용실시권자는 설정행위로 정한 범위 내에서 권리침해에 대해 금지청구권과 손해배상청구권을 행사할 수 있고 제3자에게 실시권을 허락할 수 있는 권리도 가지고 있다.

(2) 통상실시권

통상실시권(Non-Exclusive License)은 동시에 다수 기술수요자에게 같은 범위의 실시권을 허락할 수 있는 권리이다. 독점적 통상실시권은 독점적인 실시권이 약속되어 있을 뿐, 배타적 독점권은 일절 부여되어 있지 않다. 통상실시권을 체결한 기업은 특허권을 실시할 수 있는 것은 변함이 없지만 하나의 기업만이 그 권리를 독점적으로 실시하는 것은 아니다. 즉, 통상실시권 계약에서는 여러 기업이 동일한 특허권을 실시할 수 있다. 특허권자도 그 권리를 실행할 수 있다. 즉, 기업에서 특허권을 이용한 상품을 판매하는 동시에 그 권리를 다른 여러 기업에 대하여 라이선싱 사업을 할 수 있다.

(3) 재실시권

재실시권(Sub License)은 기술수요자가 기술공급자로부터 실시권을 허락받은 기술을 제3자에게 다시 실시할 수 있는 권리를 말한다. 재실시권은 전용실시권 계약에서 주로 볼 수 있고 원계약서에 명시적 조항이 있어야 인정된다. 계약서에는 기술수요자는 재실시권에 대하여 기술공급자로부터 동의를 받아야 한다는 내용을 기재하는 것이 바람직하다.

(4) 상호실시권

상호실시권(Cross License)은 기술보유자(Licensor)와 실시권자(Licensee) 간에 기술을 상호실시하는 권리를 말한다. 동일한 분야에서 경쟁하는 회사가 새로운 기술을 계속 발전시켜 가면서 상대방이 선점한 기술을 침해할 가능성이 있을 때 교차실시권을 통하여 침해 문제를 해결할 수가 있다. 실시권자가 허락된 기술을 사용하여 진보된 기술을 개발하는 경우에 진보된 기술을 기술공급자가 무료로 사용할 수 있는 권리를 미리 확보하기 위하여 사용하기도 한다. 크로스라이선싱의 상대방 특허의 경제적 가치를 평가하기 위해서는 특허의 수, 특허의 권리기간, 특허의 권리범위 및 기술적 가치(발명이 제품에 차지하는 비중 등), 원천기술이 아니면 개량기술인가, 특허의 유효성(무효 가능성은 없는가) 등을 전문가의 도움을 받아 깊이 있게 검토하여야 할 것이다.

(5) 집단실시권

집단실시권(Package License)은 한 건의 기술이전 계약으로 여러 건의 기술을 동시에 실시하는 권리를 말한다. 집단실시권은 일방이 상대방에게 일괄적 실시를 강요하는 강제 집단실시권과 당사자 간의 자유로운 협상에 의한 임의 집단실시권으로 구분할 수 있다. 강제 집단실시권은 공정거래 법령에 위반된다. 강제 집단실시권은 기술공급자로서는 유사 기술 여러 건을 일괄적으로 이전할 수 있다는 장점이 있고, 기술도입자 처지에서는 불필요한 기술까지 일괄 이전받게 되어 이전비용이 증가되는 단점이 있다.

(6) 강제실시권

강제실시(Compulsory License)란 특허권자가 실시할 수 없거나 실시할 의지가 없는 경우에 특허권자 이외의 다른 사람이 특허발명을 실시하도록 허락하는 것을 말한다. 강제실시권 제도는 우리나라는 특허발명의 강제실시 제도를 「특허법」으로 규정하고 있다. 강제실시 제도가 현실적으로 아무런 효과도 없는 제도라는 무용론까지 있다. 「특허법」에서 강제실시권을 규정하고 있는 우리나라에서 현실적으로 "공공의 이익" 요건을 엄격하게 해석하여 강제실시권이 발동된 적이 거의 없는 반면에 「특허법」에서 강제실시권을 채택하고 있지 아니한 미국에서는 독점을 규제하는 차원에서 법원이나 정부에 의해 강제실시권이 그동안 100여 건 이상 허락된 실적이 있다.[1]

---

1 김원준, "의약품 특허의 강제실시권 비교법적 고찰" [KCI등재] 전북대학교 법학연구소, 『법학연구』 43, 2015.1, 736면.

4 기술지도

기술지도는 기술공급자가 기술수요자에 대하여 행하는 기술전수(자문) 활동을 말한다. 기술지도는 실시권 허락을 위한 기술실시 계약의 내용에 포함되는 것이 일반적이지만 기술실시 계약과는 별도로 수행하기도 한다. 예를 들면 기술자 파견 · 기술자문 회의이다.

5 공동연구

공동연구는 유사기술 또는 이종기술을 보유한 복수의 주체가 협력하여 기술 · 생산능력 향상 등을 위해 협력하는 것을 말한다. 예를 들면 기술제휴 · 생산제휴이다.

6 실시료(로열티)의 산정

로열티율 산정은 동종업계에서 종래에 지급된 금액을 기준으로 한다. 이 외에 기술의 중요성 및 로열티 지급방식에 따라 로열티율이 가감될 수 있다.

(1) 기술의 중요도에 따른 구분

① 혁신기술: 오랫동안 느껴온 필요를 충족시키거나 완전히 새로운 산업을 창조하는 것

② 주요 개량기술: 현존하는 제품, 공정 또는 서비스에 제품의 우위성을 상당 수준 높이는 것

③ 보통 개량기술: 현존하는 제품, 서비스에 점진적인 향상을 가져오는 것

(2) 로열티 지급조건에 따른 구분

① 경상실시료: 기술의 실시성과에 따라 지불되는 실시료로서 그 금액은 실시권자에 의한 사업성과에 의해 결정된다. 통상적으로 매출액 기준으로 정한다.

② 정액실시료: 성과와 관계없이 지불되는 고정액의 실시료를 말한다. 계약 전 기간의 실시료의 금액을 일시불로 지급하는 방식으로 정하거나 매월, 매 분기당 몇 백만 원, 몇 천만 원 등으로 나누어 내는 방식으로 정한다.

③ 기타 지급조건: 금전 대가 이외의 현물(주식 포함) 등으로 지급되는 실시료를 말한다.

SECTION Ⅲ

지식재산을 활용한 자금조달

1 특허담보대출

기업에 있어서 자금의 흐름은 기업의 생존과 직결되므로 기업의 자금조달 전략은 매우 중요하다. 지식재산을 이용한 자금조달 전략으로서 실질적으로 가장 많이 이용되고 있는 방법이 기술담보대출이다. 지식재산의 신탁, 지식재산의 증권화 등을 통해 자금을 조달하는 방법이 있기는 하나 국내에서 활용된 예는 미미한 편이다. 기업의 자금조달 전략으로서 특허 담보대출 및 IP 보증과 IP 담보대출연계 특허기술평가지원사업이 있다.

기술담보대출이라 함은 당해 기술을 사업화하거나 당해 기술이 적용된 제품의 개발 · 생산 · 판매를 통해 요소 또는 복합기술이 창출할 경제적 가치를 담보로 한 금전적인 대출을 말한다. 우수한 기술을 갖고 있으나, 현물담보가 부족한 기술집약형 중소기업에 원활한 자금조달과 연구개발투자를 촉진하기 위하여 기업이 보유하고 있는 지식재산권의 가치를 평가하여 이를 담보로 설정하고 자금을 대출하는 것을 의미한다.

2 IP 평가보증

IP 평가보증이란 지식재산의 가치를 평가한 후 가치 금액 범위에서 보증을 지원해 주는 것이다. 기술보증기금에서 시행하고 있다. 대상기술은 산업재산권 · 저작권은 물론 신지식재산권까지도 포함한다. 특허권, 실용신안권, 컴퓨터 프로그램 저작권은 지식재산의 다른 기업 이전 방지를 위해 담보 취득을 하며 기술평가료는 200만 원에서 500만 원이다. 평가료의 경우 금융기관과의 '지식재산(IP) 협약보증' 또는 특허청과의 '특허기술 가치평가보증'과 연계하여 평가료를 지원받을 수 있다.

3 기술평가지원

지식재산권을 담보로 대출받기 위해서는 필수적으로 기술가치에 대한 평가가 선행되어야 한다. 그런데 기술가치 평가비용이 스타트업에게 있어서는 부담이 될 수 있다. 이에 한국발명진흥회에서 기업이 보유한 지식재산권의 가치평가를 통해 지식재산권을 담보로 자금을 조달할 수 있도록 평가비용을 지원하고 있다.

SECTION Ⅳ

지식재산 평가

1 지식재산 평가

지식재산 또는 기술의 가치를 평가한다는 것은 지식재산의 경제적 가치를 화폐가치로 측정하는 것이다.

(1) 기업 내부 사용

기업 내부에서 보고 및 관리 목적 지식재산의 평가에는 다음과 같은 용도가 있다.

가. 재무회계 목적의 지식재산 평가

기업에서는 재무회계 목적으로 특허권 등 지식재산의 가치를 평가하여 이 지식재산이 효익을 제공하리라 추정되는 기간에 체계적으로 상각하여야 하는데, 20년을 초과해서는 안 된다. 이러한 방식은 세무회계에서도 동일하다. 지식재산의 상각은 비용으로 인정되어 납세금액이 줄어

들게 된다.

나. 기업의 계획 수립과 관리

기업에서 사업부 관리자들은 사업부 단위의 재무성과 개선 책임을 진다. 기업가치에 영향을 미치는 지식재산을 식별하여 그 가치를 측정하고, 그 지식재산의 개발에 이바지하는 요인을 파악하는 것이 중요하다. 즉, 지식재산의 분석은 계획된 이익 능력, 현금흐름 창출 능력, 지식재산과 관련된 기능적 · 기술적 · 경제적 잔존연수를 이해하는 도구로 사용될 수 있다.

다. 공정한 대체가격 결정

여러 개의 사업부로 구성된 대기업들은 사업부 간 거래가 발생할 때, 내부대체가격을 적용하여 회계 처리한다. 사업부 간 유형의 자산에 대한 거래뿐만 아니라, 지식재산의 매매 및 대여에 대하여 동일한 원칙을 적용할 수 있다. 따라서 사업부 간 지식재산 거래에 대한 공정한 대체가격 및 로열티율을 결정하는 것은 사업부의 업적 평가에 필수적이다. 특히 다국적 기업들은 과세소득을 소득세율이 낮은 국가로 이동시키기 위하여 지식재산 로열티율을 이용할 수도 있다.

라. 재조직과 파산결정

기업의 재조직에서나 파산심판에서 지식재산에 대한 평가는 매우 중요한 역할을 한다. 즉, 정리할 사업부를 식별하기 위하여 이익의 중요한 원천인 각 사업부의 지식재산에 대한 평가가 중요한 판단요소가 된다. 또한, 법원에서 파산결정하는 경우 채무자 소유의 지식재산 평가는 제안된 재편성 계획에 대한 심사에서 매우 중요한 요소이다. 또한, 기업이

해산될 때 청산가치는 기업 실체로부터 지분 소유자에게로 이전되는 유형의 자산이나 무형의 지식재산의 가치와 관련된다.

마 자금조달-기술담보대출

우리나라에서는 기술을 담보로 한 대출이 이루어지고 있다. 이 기술담보 제도에서는 지식재산이 창출하는 현금흐름을 평가한다. 이 경우 금융기관들은 지식재산으로부터 예상 현금흐름을 할인한 지식재산의 가치를 근거로 하여 담보를 설정한다. 일반적인 대출에서도 금융기관에서는 대출 신청기업들이 소유하고 있는 지식재산의 가치에 대하여 특별한 주의를 기울이는 것이 보통이다. 즉, 대출 신청기업의 총자산이 부채금액을 초과하는지를 분석함에 있어서 지식재산의 포함 여부가 중요한 차이로 작용하는 것이다.

(2) 기업 외부 사용

기업이 외부와의 거래에서 사용되는 거래 목적 지식재산의 평가에는 다음과 같은 용도가 있다.

가. 지식재산 매매

오늘날 특허권, 상표 등 여러 가지 지식재산들이 거래되고 있다. 지식재산의 가치를 결정하는 것이 용이한 일은 아니지만, 지식재산 거래에서 필수적인 것이 지식재산에 대한 가치평가이다. 이 경우 지식재산의 가치평가는 지식재산 구매에 포함된 기대 시너지나 다른 경제적 효용들을 수치화하기 위한 경제적인 도구로서 유용하다.

나. 지식재산 라이선스에 대한 적절한 로열티율 산정

특허권, 상표권, 저작권 등의 라이선스와 관련된 로열티 비율을 협상할 때 지식재산 분석은 프로젝트의 이익 능력, 현금흐름 창출 능력, 그리고 대상 지식재산과 관련된 기능적 · 기술적 · 경제적 잔존가치를 이해하는 데 도움이 된다.

다. 기업의 인수 및 합병

기업을 인수하고 합병할 경우, 기업 인수 여부에 관한 결정이 이루어진 후, '얼마를 지급해야 하는지', '거래를 어떻게 구성해야 하는지'라는 질문들이 인수 및 합병 계획과 실행에서 주요한 문제가 된다. 기업의 가치는 그 기업의 유형자산 가치와 무형자산, 즉, 지식재산의 가치로 구성된다. 유형자산에 대한 가치는 일반적으로 결정이 쉽다. 기업에 대한 가치는 지식재산 가치평가 결과에 따라 좌우된다. 기업이 합병될 때 소유자들에 대한 지분 할당은 새롭게 형성된 사업체에 대한 지식재산과 유형자산에 대한 기여 정도가 중요한 요소로 작용한다. 기업 지식재산 가치평가 결과는 기업매매 거래에 대한 승인을 얻기 위해 구매자나 판매자에 의해 사용될 수 있다. 또한, 기업을 매수할 때 여러 금융지원을 획득하고 거래가격과 다른 거래 구성상의 조항들을 협상하기 위해 사용될 수 있다.

라. 소송 및 분쟁의 해결

기업 간 지식재산의 침해에 대한 소송이 이루어지는 경우가 있다. 이때 변호사나 소송 당사자들은 계약위반 등과 관련된 경제적 손실을 인식하고, 그 가치를 평가하여야 한다. 이와 관련된 경제적 분석은 지식재산의 가치 추정, 지식재산의 가치감소 추정, 지식재산 소유자의 이익

손실액 또는 다른 형태의 손실 추정을 포함한다.

마. 자본가와의 연결을 위한 지식재산 평가

발명가 등 지식재산 연구개발자들은 그들이 개발한 지식재산들을 기업이나 조합에 출자하여 주식 등 기업의 지분을 소유한다. 이 거래에서 두 가지 평가 과제가 발생한다. 첫 번째 과제는 기업에 대한 지분이 지식재산과 얼마나 공정하게 교환되었는가이다. 지식재산이 평가되어야 하고, 기업의 주식이 평가되어야 하고, 합리적인 가치 교환 비율이 결정되어야 한다.

두 번째 문제는 지식재산을 기업에 출자함으로써 발생하는 소득세 문제이다. 즉, 지식재산 개발자들이 지분을 받을 때 혜택을 받은 수익을 평가하고, 이의 개발에 든 개발비용을 평가하여 개발자들이 얼마의 이익을 벌어들였는지를 평가하는 것이 필요하다. 특히 지식재산 평가는 발명가 등 지식재산 개발자와 자본가를 만나게 하는 중요한 역할을 한다. 즉, 지식재산 개발자들은 기술적 노하우를 다른 사람에게 판매하고자 하며, 자본가들은 자본을 유망한 기술에 투자하여 수익을 올리고자 한다. 지식재산 평가는 당해 기술이 어느 정도의 경제적 가치를 가지고 있는가를 평가함으로써 이 둘을 연결해 주는 고리 역할을 한다.

2 기술가치 평가기법

(1) 기술가치 평가의 필요성

기술거래, 지식재산권의 현물출자, 조세(Tax), 소송(Litigation), 기술금융,

기술실시, 인수 · 합병(Mergers & Acquisitions: M&A), 합작투자(Joint Venture), 전략적 제휴(Strategic Alliance)를 위하여 기술의 가치를 금액으로 평가할 필요가 있다. 기술가치 평가 방법은 평가대상인 기술의 유형과 평가자에 따라 다양하다. 기술가치 평가기법에는 크게 비용접근법(Cost Approach), 시장접근법(Market Approach), 수익접근법(Income Approach)과 함께 실물옵션접근법(Real-Option Approach)이 있다. 개별 기술이 가지고 있는 특성에 따라 기술 평가 방법(모델)이 다르다. 평가 결과는 평가기관 및 최종 용도에 따라 보통 등급, 금액, 소견 등으로 표시된다.

(2) 수익접근법(Income Approach)

수익접근법은 기술이 상품화되었을 때 미래에 발생할 수 있는 현금흐름을 경제적 편익의 여러 가지 요소(기술수명, 현금흐름, 기술기여도)를 고려하여 예측하고 이를 적절한 할인율을 적용해서 현재가치화하는 방법을 말한다. 특허 등 지식재산권의 가치 산정에 주로 적용되는 기법이다. 기술을 이용하여 발생하는 추가적인 현금흐름을 추정하여 기술의 가치를 평가하는 방법이다. 예를 들면 기술을 타인에게 대여하고 사용료를 받고 있다면 앞으로 예상되는 총사용료 수입(미래 현금흐름)의 현재가치를 산정하여 기술의 가치를 평가할 수 있다.

(3) 시장접근법(Market Approach)

시장접근법은 감정대상기술과 유사한 기술이 활성시장에서 거래되었다는 것을 전제로 하여 비교대상기술의 가치 정보 및 통계에 근거하여 감정대상 특허기술의 상대적인 가치를 산정하는 방법이다. 감정대상 특허기술을 비교대상기술과 비교하여 차이가 있는 부분에 대해서는 차이점이 기술의 가치에 미치는 영향을 고려하여 차이 조정을 한다. 유사자산의 거래가격으로 평가하는 방식인데 기계설비류, 컴퓨터 HW · SW 등과 같이 비교 가능한 자산이 존재하는 기술의 평가에 적용되는 기법이다. 시장접근법은 평가대상기술과 유사한 기술거래 정보가 충분한 경우에 유용한 평가 방법으로 기술료 산정에 주로 활용된다.

(4) 비용접근법(Cost Approach)

발생할 수 있는 미래의 모든 효용과 이익을 재조달하기 위하여 필요한 금액을 산정하고, 이에 감가수정(경과기간의 가치하락분을 차감)을 가하여 기술의 보유로 인한 미래 경제적 편익을 가치로 산출하는 방법을 말한다. 기술개발비용, 재생산원가, 대체원가 등 상세한 원가정보 등을 토대로 하여 감정대상 특허기술을 개발하는 소요된 비용을 추정함으로써 감정대상 특허기술의 가치를 추정하는 감정 방법이다.

3 기술가치 평가기관

기술가치 평가는 해당 기술의 기술성, 시장성, 경제적 타당성 등을 모두 고려한 후에 각 요소를 통합하여 총체적인 결정을 내려야 하므로 상당한 비용과 시간이 필요하다. 따라서 자금과 인력이 부족한 중소기업이 기술가치 평가를 자체에서 수행하는 데에는 상당한 무리가 있어, 기술가치 평가 전문기관의 도움을 받아야 한다.

CHAPTER 05

저작물과 저작자

SECTION I

저작물의 의의

1 저작물

(1) 저작물

우리 「저작권법」은 "이 법은 저작자의 권리와 이에 인접하는 권리를 보호하고 저작물의 공정한 이용을 도모함으로써 문화 및 관련 산업의 향상발전에 이바지함을 목적으로 한다"고 규정한다(법 1조). 지식의 성과를 이용하려는 일반 공공의 필요와 저작자에게 보답함으로써 창작 활동을 자극하려는 필요를 가진다. 이러한 필요성에 따라 '저작물의 자유이용, 일정 기간 경과 후 저작권의 소멸'이라는 제한을 하고 있다. 저작물이란 인간의 사상 또는 감정을 표현한 창작물을 말한다. 저작물은 문학, 학술 또는 예술의 범위에 속하는 것으로 인간의 지적, 문화적 활동의 모든 영역에 속하는 것을 포함하는 개념이다. 저작물은 창작물로, 창작물이란 독창적으로 표현한 것이다. 독창적으로 표현한 것은 특허의 신규성(Novelty)과는 다르다. 일반적으로 특허의 경우는 새로운 것을 만들어야 한다. 이는 기존에 없는 내용을 만들어 낸다는 것이다. 그러나 저작권의 경우는 완전히 새로운 것을 만들어 내는 것이 아니라 기존에 있던 것을 기초로 하여 그대로 베끼지 않고 창조한 것을 의미한다.

(2) 저작물의 요건

어느 저작물이 법적으로 보호받기 위해서는 다음의 세 가지 요건을 갖추어야 한다. 첫째, 인간의 사상이나 감정을 나타내야 한다. 둘째, 창작성이 있어야 한다. 창작성은 '단순히 남의 것을 베끼거나 모방하지 않은 정도'라면 충분하다. 다만, 누가 하더라도 같거나 비슷하게 할 수밖에 없는 작품은 창작성이 없는 것으로 본다. 셋째, 밖으로 표현되어야 한다. 작가의 사상이나 감정이 말이나 글, 소리, 그림, 형상 등의 방법에 따라 외부적으로 나타나야 한다.

창작물이 되기 위해서는 사상, 감정 등이 언어 등에 의하여 외부로 표현됨으로써 객관적인 존재로 되어야 하며 독창적으로 만들어진 것을 의미한다.

창작성이 있어야 하며, 이때 창작성(Originality)이란 상대적인 개념으로 저작자 스스로의 능력과 노력으로 만든 것이면 창작성이 인정된다. 즉 다른 사람의 것을 베끼지 않았다는 것이 중요하다. 즉 독자적으로 제작된 것이며, 최소한의 창조성(Creativity)을 가진 것을 말한다. 창작성이란 상대적인 개념으로 저작자 스스로 능력과 노력으로 만든 것이면 창작성이 있다. 창작물이 되기 위해서는 사상, 감정 등이 언어 등에 의하여 외부로 표현됨으로써 객관적인 존재로 되어야 한다. 예를 들어 음악 작곡이면 악보에 표시되고, 소설이면 원고에 정리하여 사상이나 감정을 표현하여야 한다. 이는 철학적이거나 숭고한 것을 요구하는 것은 아니며, 지적 창작물로서의 저작물에 정신적인 내용이 표현되면 된다. 예를 들어 어린아이가 그린 그림이 비싼 가격에 팔린 사례를 볼 수 있다. 이 경우도 아이의 감정이 표현되었기 때문에 저작물로 볼 수 있고 저작권이 생길 수 있다. 예술가나 지능이 높은 사람만이 저작물을 만들 수 있는 것은 아니다. 사상이나 감정이 표현되면 저작물이 될 수 있다.

(3) 저작물의 예시

「저작권법」은 다음과 같은 대상을 저작물로 예시하고 있다. 그러나 법에 예시되지 않은 것들도 창작성이 있다면 「저작권법」에 따라 보호받는 저작물에 해당한다.

- ㅁ 소설 · 시 · 논문 · 강연 · 연술 · 각본 그 밖의 어문 저작물
- ㅁ 음악 저작물
- ㅁ 연극 및 무용 · 무언극 등을 포함하는 연극 저작물
- ㅁ 회화 · 서예 · 조각 · 공예 · 응용미술 저작물 그 밖의 미술 저작물
- ㅁ 건축물 · 건축을 위한 모형 및 설계도서를 포함하는 건축 저작물
- ㅁ 사진 및 이와 유사한 제작 방법으로 작성된 것을 포함하는 사진 저작물
- ㅁ 영상 저작물
- ㅁ 지도 · 도표 · 설계도 · 약도 · 모형 그 밖의 도형 저작물
- ㅁ 컴퓨터 프로그램 저작물

(4) 보호받지 못하는 저작물의 예시

모든 저작물이 법적으로 보호를 받는 것은 아니다. 우리 「저작권법」 제7조는 다음과 같은 저작물을 보호받지 못하는 저작물로 규정하고 있다.

- ㅁ 헌법 · 법률 · 조약 · 명령 · 조례 및 규칙
- ㅁ 국가 또는 지방자치단체의 고시 · 공고 · 훈령 그 밖에 이와 유사한 것
- ㅁ 법원의 판결 · 결정 · 명령 및 심판이나 행정심판 절차 그 밖에 이와 유사한 절차에 의한 의결 · 결정 등
- ㅁ 국가 또는 지방자치단체가 작성한 것으로서 제1호 내지 제3호에 규정된 것의 편집물 또는 번역물
- ㅁ 사실의 전달에 불과한 시사보도[1]

2 저작권

(1) 저작권이란?

저작권이란 저작물을 배타적으로 이용할 권리를 말한다. '배타적'이란 다른 사람의 저작물을 이용할 때 해당 저작권자로부터 사전(事前) 허락을 받아야 한다는 것을 말하고, '이용'이란 저작물의 복제 · 배포 · 공연 · 공중송신 · 전시 등의 행위를 하는 것을 말한다. 따라서 다른 사람의 저작물을 사전 허락을 받지 않고 이용하면 저작권을 침해하는 행위가 된다.

(2) 저작권과 소유권의 차이

저작권과 소유권의 차이는 권리의 객체가 무체물인가 아니면 유체물인가에 달려 있다. 즉, 저작권은 무체적인 저작물을 배타적으로 이용할 권리지만 소유권은 유체물인 물건을 배타적으로 지배할 권리를 뜻한다.

---

1 대법원 2006. 9. 14. 선고 2004도5350 판결. 언론매체의 정형적이고 간결한 문체와 표현형식을 통하여 있는 그대로 전달하는 정도에 그치는 정치계나 경제계의 동향, 연예 · 스포츠 소식을 비롯하여 각종 사건이나 사고, 수사나 재판 상황, 판결 내용, 기상 정보 등도 여기에 해당한다.

예컨대 서점에서 책 한 권을 구입한 사람은 그 책의 소유권만을 취득한 것이고, 그 책을 복제 · 공연 · 방송 등의 방법으로 이용할 수 있는 저작권까지 취득한 것은 아니다. 따라서 구입한 책 속의 글이나 이미지 등을 무단으로 인터넷 게시판, SNS(Social Network Service), 블로그 등에 게재하면 저작권을 침해하는 행위가 된다.

(3) 저작권은 언제 발생하는가?

저작권은 저작물의 창작이 완료됨과 동시에 발생한다. 다시 말하면, 저작권이 발생하기 위하여 아무런 절차나 방식이 요구되지 않는다는 뜻이다. 이를 '무방식주의'라고 한다. 출원 등록을 해야만 특허권이 발생하는 산업재산권(특허 · 실용신안 · 상표 · 산업디자인)과 다른 점이다. 특허와 달리 저작권은 심사요건을 가지지 않으므로 창작을 하는 순간부터 저작권이 생긴다. 창작물이 되기 위해서는 사상이나 감정 등이 언어 등에 의하여 외부로 표현되어 객관적 존재로 되어야 한다. 소설이면 원고에 정리, 음악이면 악보에 표시, 그림은 종이에 그리는 순간, 사진은 찍는 순간부터 저작권이 생긴다.

SECTION II

저작물의 성립요건

1 저작물의 창작성

(1) 저작물의 창작성

저작물의 창작성, 인간의 사상 또는 감정의 표현, 아이디어와 표현의 이분법에 대하여 알아본다. 창작성은 완전한 의미의 독창성이나 수준 높은 예술성을 의미하는 것이 아닌 다른 사람의 것을 모방하지 않고 자신의 독자적인 사상 또는 감정의 표현을 담고 있음을 의미한다. 남의 것을 베끼지 않았다는 것이 중요하다. 상대적인 개념으로 저작자 스스로의 능력과 노력으로 만든 것이면 된다.

(2) Feist사의 전화번호부 사례와 사실의 보호

「저작권법」은 노력으로 얻은 정보나 사실(Fact)을 보호하는 것이 아니다. 미국의 Rural사는 고객에게 일일이 물어 정보를 수집하여 전화번호부 정보를 얻었다. 미국의 Feist사는 Rural사의 전화번호부를 상당 부분 그대로 이용하여 전화번호부를 발간하였다. 이에 저작권 침해라는 주장을 Rural사가 하게 되었다. 미국의 법원은 1심과 2심에서는 상당한 노력과 자본을 투입해서 만들어진 Rural사의 전화번호부의 저작물성을 인정하였다. 미국 연방대법원은 수집한 전화번호의 창작적인 기준이 없고 알파벳 순으로 배열한 것은 창작적인 저작물이라 할 수 없다고 판단하였다. 이에 따라 정보 자체는 저작권의 대상이 되지 않고 수집과 선택과 배열이 창작적인 경우에 저작권으로 보호된다고 하였다.[2] 이에 따라 단순한 정보를 모으기만 하는 것은 저작권의 보호대상이 될 수 없다.

(3) 저작권과 자연경관 아이디어

아이디어나 콘셉트가 비슷한 경우에도 남의 것을 그대로 베끼지 않고 독자적으로 창작하면 창작성이 있을 수 있다. 예를 들어 대한항공 솔섬 사진에서 자연환경의 독창적 아이디어를 인정하지 않았다.[3]

(4) 저작물의 창작의 우연 일치

저작물을 창작할 당시 타인 저작물의 존재를 알지 못하고 노력으로

2 Feist Publications, Inc. v. Rural Telephone Service Co., 499 U.S. 340 (1991).

3 서울중앙지방법원 2014. 3. 27. 선고 2013가합527718 판결(항소)(각공2014상, 360).

○ 사실관계

- 영국 출신 사진작가 갑이 을에게 '솔섬' 사진 작품에 관한 국내 저작권 등을 양도하였는데, 병 주식회사가 '솔섬'을 배경으로 한 사진을 광고에 사용하자 을이 병 회사를 상대로 '솔섬' 사진의 저작권 침해를 이유로 손해배상을 구한 사안.

○ 판결 요지

- 자연경관은 만인에게 공유되는 창작의 소재로서 촬영자가 피사체에 어떠한 변경을 가하는 것이 사실상 불가능하다는 점을 고려할 때 다양한 표현 가능성이 있다고 보기 어려우므로, 갑의 사진과 병 회사의 사진이 모두 같은 촬영 지점에서 풍경을 표현하고 있어 전체적인 콘셉트(Concept) 등이 유사하다고 하더라도 그 자체만으로는 저작권의 보호대상이 된다고 보기 어렵고, 양 사진이 각기 다른 계절과 시각에 촬영된 것으로 보이는 점 등에 비추어 이를 실질적으로 유사하다고 할 수 없다.

○ 관련 판결

- 항소심 판결: 서울고등법원 2014. 12. 4. 선고 2014나2011480 판결: 항소기각(확정)

창작된 저작물은 표현이 유사하더라도 기존의 저작물의 저작권을 침해하는 것은 아니다.

(5) 인간의 표현이며 동물의 표현이 아님

인간의 표현을 보호하는 것이다. 원숭이가 찍은 셀카 사진은 인간의 표현을 보호하는 것이 아니므로 저작물로 보호받지 못한다.[4]

(6) 아이디어는 저작권으로 보호되지 않음

예를 들어 복식부기 방법의 아이디어는 저작권으로 보호받을 수 없다.[5]

미국의 셀덴(Selden)이라는 사람은 종전의 부기(簿記) 방식을 개량한 새로운 복식부기 방식을 개발해 그 방법을 설명한 책을 저술했다. 이 복식부기 방식이 인기를 끌자 베이커(Baker)라는 사람이 부기 책을 저술하면서 셀덴의 방식을 허락 없이 도용했다. 셀덴은 베이커를 상대로 저작권 침해소송을 제기했다. 미국 연방대법원은 셀덴이 새로 개발한 복식부기 방식은 「저작권법」의 보호를 받지 못하는 아이디어에 해당하며, 이러한 아이디어는 모든 공중이 자유롭게 사용할 수 있어야 한다고 하면서 저작권 침해를 인정하지 않았다.

4 Naruto *et al.* v. Slater *et al.*, no. 15-CV-04324 (N.D. Cal. 28 January 2016)(Order Granting Motions To Dismiss). Retrieved 30 January 2016.

5 Baker v. Selden, 101 U.S. 99 (1879).

2 저작물의 표현

(1) 표현을 보호하는 것임

사상이나 아이디어는 특허나 영업비밀로 보호되므로 저작권으로 보호되는 것은 아니다. 뉴턴의 만유인력 법칙이나 아인슈타인의 상대성 이론과 같은 과학 이론은 저작권으로 보호되는 것이 아니다. 예를 들어 배를 만드는 설계도가 있는 경우 조선 방법에 관한 아이디어는 특허로 보호된다. 설계도를 이용하여 배를 만들더라도 저작권 침해는 안 된다. 저작권은 표현을 보호하는 것인데 단순히 아이디어를 침해하였기 때문이다. 설계도를 그대로 복사하거나 출판하면 그때 저작권 침해가 될 수 있다.

(2) 드라마의 플롯과 사건 전개의 일치

드라마의 경우 유사한 플롯이나 사건 전개를 하는 경우가 있다. 유사한 내용이더라도 표현이 동일하지 않으면 저작권으로 보호되지 않는다. 예를 들어 스토리가 유사하더라도 그대로 표현하지 않으면 저작권 침해가 되지 않는다. 〈선덕여왕〉 드라마와 연극의 저작권 사건에 대한 판례를 보면 주인공의 대립구도나 사건전개에서 일부 유사한 점이 있지만, 개별 요소의 전개과정은 상당한 차이가 있어 저작권 침해로 인정하지 않았다.[6]

(3) 드라마 표현의 일치

「저작권법」에서 보호하는 저작물은 인간의 사상 또는 감정을 표현한

---

6 대법원 2014. 7. 24. 선고 2013다8984 판결. 피고들의 이 사건 대본에 대한 접근 가능성이 인정되지 아니할 뿐만 아니라, 이 사건 드라마와 이 사건 대본이 독립적으로 작성되어 같은 결과에 이르렀을 가능성을 배제할 수 있을 정도의 현저한 유사성이 인정되지도 아니하므로, 두 저작물 사이에 의거 관계가 있다고 할 수 없다.

창작물을 의미한다. 표현이 동일하거나 일치하게 되면 저작권 침해가 된다. 〈여우와 솜사탕〉 사건[7]을 들 수 있다. 〈사랑이 뭐길래〉는 역대 2번째 최고 시청률 64.9%를 기록한 작가가 극본을 집필한 드라마였고 〈여우와 솜사탕〉은 MBC 주말연속극으로 신예작가가 집필한 드라마였다. 두 드라마는 구체적인 줄거리 및 사건의 전개과정, 인물들의 갈등구조와 그 해소과정에서의 등장인물들의 상호관계구도, 구체적인 에피소드의 동일성이 대사만 조금 바뀌었을 뿐 유사했다. 법원에서는 이와 같은 포괄적 비문자적 유사성을 인정하였다.

(4) 노래 제목 · 광고 문구 · 표어나 슬로건의 단문

「저작권법」에서 보호하는 저작물은 인간의 사상 또는 감정을 표현한 창작물을 의미한다. 「저작권법」은 창작의 보호와 동시에 널리 사회에서 사용할 수 있도록 하는 목적이 있다. 이에 따라 노래 제목이나 책 제목은 개인이 선점하게 되면 저작권을 이용하여 독점할 수 있는 우려가 있으므로 노래 제목이나 책 제목은 저작권으로 보호하지 않는다.

Ex 저작물성 부정 사례

- '또복이'라는 만화의 제목에 대한 저작물성 부정
- 영화 〈왕의 남자〉 "나 여기 있고 너 거기 있어" 대사의 저작물성 부정
- "맛있는 온도는 눈으로 알 수 있다" 광고 카피 저작물성 부정
- 2NE1 〈내가 제일 잘 나가〉와 '나가사키 짬뽕' 광고

---

7 서울남부지방법원 2004. 3. 18. 선고 2002가합4017 판결.

3 아이디어와 표현의 이분법(Idea/Expression Dichotomy)

(1) 아이디어의 보호

「저작권법」은 아이디어 자체를 보호하지 않는다. 「저작권법」상 아이디어는 공유의 대상으로 자유로운 이용을 통하여 인간의 자유로운 창작활동을 장려하고자 한다. 아이디어나 콘셉트가 비슷한 경우에도 남의 것을 그대로 베끼지 않고 독자적으로 창작하면 창작성이 있을 수 있다. 「저작권법」은 창작의 보호와 동시에 널리 사회에서 사용할 수 있도록 하는 목적을 가진다.

대법원 판결에서 나타난 아이디어와 표현의 보호에 관한 내용은 다음과 같다.

> "「저작권법」이 보호하는 것은 문학 · 학술 또는 예술에 관한 사상 · 감정을 말 · 문자 · 음 · 색 등에 의하여 구체적으로 외부에 표현하는 창작적인 표현형식이고, 그 표현되어 있는 내용 즉 아이디어나 이론 등의 사상 및 감정 그 자체는 설사 그것이 창작성이 있다 하더라도 원칙적으로는 저작권법에서 정하는 저작권의 보호대상이 되지 아니하며," (대법원 판결)[8]

> '희랍어 문법 교재 사건'에서 "아이디어나 이론 등의 사상 및 감정 그 자체는 설사 그것이 독창성, 신규성이 있다 하더라도 소설의 스토리 등의 경우를 제외하고는 원칙적으로 저작물이 될 수 없다." (대법원 판결)[9]

---

8 대법원 1999. 11. 26. 선고 98다46259 판결.

9 대법원 1993. 6. 8. 선고 93다3073 판결. 저작권자의 강의록에 사용된 것과 동일한 내용의 키-레터스(Key-letters)를 분석방법론으로 사용하고 그 이론을 이용하여 희랍어의 문법에 관한 자신의 저서에 사용하였지만 구체적인 표현까지 베끼지 않았으므로 저작권의 침해가 되지 아니한다고 한 사례.

(2) 합체의 원칙(Merger Doctrine)

아이디어를 표현하는 방법이 하나여서 결국 아이디어와 표현이 합체된 것으로 보일 경우 저작물로서 보호를 부정하는 것이다. 누가 하더라도 같거나 비슷할 수밖에 없는 제약이 있는 경우 창작성을 부정한다. 예를 들어 영화의 장면을 묘사하거나 소설의 내용 중에 누가 표현하더라도 거의 동일한 표현이 나올 수밖에 없는 표현은 다른 사람이 유사하게 표현하더라도 저작권 침해가 될 수 없다. 그러한 아이디어에는 그러한 표현 말고는 나오기가 쉽지 않기 때문이다.

(3) 필수적 표현의 저작물성 제한(Scènes à faire)

어문 저작물의 경우 어느 표현이 특정 아이디어를 나타내는 데에 표준적이거나 필수적인 경우에는 그 표현의 보호는 아이디어를 보호하는 결과가 되므로 저작권 보호가 제한된다. 누구나 동일한 표현을 쓸 수밖에 없는 경우 특정인이 독점하게 할 수 없으므로 다른 사람이 사용하더라도 가능한 것이다. 소설·희곡 등과 같은 저작물에서 기본적인 플롯 또는 등장인물의 타입 등이 중첩되더라도 이는 저작물성이 제한되는 때도 있다. 연해주 이민 한인들의 애환과 생활상을 그린 소설『텐산산맥』과 드라마 〈카레이스키〉 사이에 실질적 유사성이 없다고 판단한 사건에서, "어떤 주제를 다루는 데 있어 전형적으로 수반되는 사건이나 배경 등은 아이디어의 영역에 속하는 것들로서「저작권법」에 따른 보호를 받을 수 없다."(대법원 판결)[10]

10 대법원 2000. 10. 24. 선고 99다10813 판결. 연해주 이민 한인들의 애환과 생활상을 그린 소설『텐산산맥』과 드라마 〈카레이스키〉 사이에 〈카레이스키〉의 제작 시점에 그 연출가가『텐산산맥』의 존재를 이미 알고 있어서 저작권 침해의 의거 관계는 추정되나 〈카레이스키〉는『텐산산맥』과 완연히 그 예술성과 창작성을 달리하는 별개의 작품으로 실질적 유사성은 인정되지 않는다는 이유로 드라마 〈카레이스키〉가 소설『텐산산맥』의 저작권을 침해하였다고 볼 수 없다고

(4) 시놉시스에서 저작권의 보호

시놉시스의 보호 여부는 주제나 소재, 사건 및 등장인물 등을 얼마나 구체적으로 표현하고 있는가이다. 추상적이고 포괄적인 소재, 어떤 주제를 다루는 데 있어 전형적으로 수반되는 사건이나 배경, 전형적이고 평범한 인물만을 묘사한 시놉시스는 아이디어의 영역에 불과하다. 구체적으로 이야기 구조가 설정돼 있고 이를 바탕으로 등장인물과 사건의 전개과정에 있어서 특이한 사건이나 대화, 어투가 나타나는 시놉시스의 경우 보호받을 가능성이 있다.

사건의 구성 등도 얼마나 구체적으로 묘사하느냐에 따라 표현에 해당할 수 있다. 『바람의 나라』 및 〈태왕사신기〉 사건은 드라마 〈태왕사신기〉 시놉시스가 단순한 아이디어 차원을 넘어 각 등장인물의 성격과 그들 상호 간의 상관관계, 대략적인 줄거리, 에피소드 등을 포함하고 있어 그 자체로 독자적인 완성된 저작물로 존재한다.[11]

(5) 사업 아이템 제안서

새로운 사업에 대한 아이디어를 기술한 제안서가 보호받는다는 것은 아이디어 자체에 대한 보호를 의미하는 것이 아니라, 그 표현(서술된 문장, 설계도, 사진, 그림 등)에 대한 보호에 그친다. 따라서 단순한 사업 아이디어에 불과한 것을 다른 사람이 동일한 내용의 사업을 하더라도 저작권으로 보호받기는 쉽지 않다. 이것을 보호받기 위해서는 미리 특허로 관련 내용을 등록하거나 비밀유지계약서(Non Disclosure Agreement: NDA)로 보호

한 사례.

11 서울중앙지법 2007. 7. 13. 선고 2006나16757 판결: 확정(손해배상(지)). 만화 『바람의 나라』와 드라마 〈태왕사신기〉의 시놉시스가 저작권에 의하여 보호받는 창작적인 표현형식에 있어서 실질적으로 유사하지 아니하므로, 위 시놉시스에 의해 위 만화 저작자의 저작권이 침해되었다고 볼 수 없다고 한 사례.

를 받아야 한다.[12]

(6) 방송 프로그램의 포맷

TV 포맷이란 특정 프로그램의 제작과 관련된 모든 정보를 확보하여, 동일한 또는 유사한 프로그램을 제작할 수 있도록 하는 것이다. 1990년대 말 〈Big Brother〉, 〈Who Wants To Be a Millionaire?〉, 〈Survivor〉가 큰 성공을 거둔 이후부터 세계 방송영상 부문이 포맷에 관심을 갖게 되었다.

대본이 없는 포맷(Non-Scripted Format)과 대본 포맷(Scripted Format)으로 분류할 수 있다. 대본 없는 포맷은 미리 정해진 대본에 따라 움직이는 것이 아니라 참가자와 진행자가 프로그램을 자유롭게 끌고 가는 형태이다. 세부적으로는 게임쇼, 리얼리티/서바이벌, 탤런트 콘테스트, 데이팅 프로그램 등이다.

국가마다 지식재산권이나 저작권에 대한 인식범위가 다르고, TV 포맷을 저작권으로 보호할지라도 적용대상이 모호하다. 이에 따라 일관된 법 적용이 어려운 상태이다. 저작권 이외에도 상표권, 불공정거래, 사칭통용, 비밀정보와 타이틀 보호 등 비즈니스 권리로 인정받으려는 경향도 증가하고 있다.[13]

---

12 사업하다 보면 자신이 보유하고 있는 정보를 다른 회사에 제공해야 하는 경우가 있다. 이때 상대방 회사가 당초 약속한 용도가 아닌 다른 용도로 해당 정보를 사용하지는 않을까, 아니면 제3자에게 중요한 내용을 누설하지는 않을까 걱정이 되는 일이 많다. 이럴 때 체결해야 하는 것이 비밀유지계약서(Non Disclosure Agreement: NDA)이다. 비밀유지계약서(NDA)는 일반적으로 다음과 같은 조항들로 구성된다. 비밀정보의 범위, 비밀정보의 사용 용도, 비밀유지의무, 비밀정보 관련 권리의 귀속, 위반 시 손해배상책임에 관한 내용.

13 김명중, "TV 포맷의 시장 분석과 법적 권리보호에 관한 연구", 한국정치정보학회, 『정치정보연구』 16(1), 2013. 6, 220면.

4 저작물의 보호범위

(1) 음란물도 저작권으로 보호되는지

「저작권법」에서 보호하는 저작물은 인간의 사상 또는 감정을 표현한 창작물을 의미한다. 「저작권법」의 보호대상인 저작물이라 함은 사상 또는 감정을 창작적으로 표현한 것으로서 문학, 학술 또는 예술의 범위에 속하고, 윤리성 여부는 문제 되지 아니하므로 설사 그 내용 중에 부도덕하거나 위법한 부분이 포함되어 있다 하더라도 「저작권법」상 저작물로 보호된다.[14]

다만, 음란물 유통의 경우 「형법」, 「정보통신망 이용촉진 및 정보보호 등에 관한 법률」 등으로 처벌될 수 있다.

(2) 국가 · 지방자치단체 및 공공기관이 작성한 자료의 저작권 보호

우리 「저작권법」은 정부저작물에 관한 일반 규정을 두지 않고, ① 헌법 · 법률 · 조약 · 명령 · 조례 및 규칙, ② 국가 또는 지방자치단체의 고시 · 공고 · 훈령 그 밖에 이와 유사한 것, ③ 법원의 판결 · 결정 · 명령 및 심판이나 행정심판 절차 그 밖에 이와 유사한 절차에 의한 의결 · 결정 등, ④ 국가 또는 지방자치단체가 작성한 것으로서 앞서 규정된 것의 편집물 또는 번역물, ⑤ 사실의 전달에 불과한 시사보도 등 5가지 유형을 보호받지 못하는 저작물로 규정한다.

---

14 대법원 2015. 6. 11. 선고 2011도10872 판결. 「저작권법」의 보호대상이 되는 저작물이란 위 열거된 보호를 받지 못하는 저작물에 속하지 아니하면서도 인간의 정신적 노력으로 얻어진 사상 또는 감정을 말, 문자, 음, 색 등에 의하여 구체적으로 외부에 표현한 것으로서 '창작적인 표현형식'을 담고 있으면 충분하고, 표현된 내용 즉 사상 또는 감정 자체의 윤리성 여하는 문제 되지 아니하므로, 설령 내용 중에 부도덕하거나 위법한 부분이 포함되어 있다 하더라도 「저작권법」상 저작물로 보호된다.

(3) 2차적 저작물

원저작물을 번역 · 편곡 · 변형 · 각색 · 영상제작 그 밖의 방법으로 작성한 창작물(이하 "2차적 저작물"이라 한다)은 독자적인 저작물이다. 2차적 저작물의 보호는 그 원저작물 저작자의 권리에 영향을 미치지 아니한다. 미국 드라마 자막도 2차적 저작물이다. 미국 드라마나 일본 드라마의 자막은 2차적 저작물이 되므로 유통에 있어서 저작권 침해가 될 가능성이 있다.

다만, 2차적 저작물의 권리관계는 결국 원저작물의 존재를 알고 원저작자로부터 정당한 이용권한을 부여받았는가에 의해 결정된다. 원저작물의 존재를 알지 못했다면 완전히 새로운 저작물이, 원저작물을 다른 대상으로 오인했다면 2차적 저작물이 성립되는 것과는 별도로 침해책임은 부담하지 않을 수 있지만, 사후 승낙을 통해 적절한 사용료가 지불되어야 할 것이다.[15]

(4) 편집 저작물

편집 저작물은 독자적인 저작물로서 보호된다. 편집 저작물의 보호는 그 편집 저작물의 구성 부분이 되는 소재의 저작권, 그 밖에 이 법에 따라 보호되는 권리에 영향을 미치지 아니한다. 예를 들어 베스트 앨범 모음집은 소재 선택이나 배열에 창작성이 있는 경우 편집 저작물로 보호된다. 일반 저작물에도 소재의 선택과 배열이 일어나지만, 편집 저작물은 소재에 대한 가감이 없이 작성되어 오로지 소재의 선택 또는 배열에만 창작성이 있을 수 있으므로 소재가 중요한 문제로 떠오른다. 소재가

15 최상필, "이차적 저작물의 성립요건과 범위에 관한 일고찰", 동아대학교 법학연구소, 『동아법학』 63, 2014. 5, 86면.

무엇인가는 편집 저작물의 창작성을 판단하는 대상을 확정하는 것이므로 중요한 작업이다. 이러한 판단은 편집자가 편집과정에서 의도하는 편집자의 주관이 아니라 그 편집물이 겨냥하고 있는 수요자층의 객관적 판단이어야 할 것이다. 왜냐하면, 편집 저작물도 그 표현을 보호하는 것이지 아이디어를 보호하는 것은 아니기 때문이다.[16]

(5) 결론

방송 포맷은 저작권으로 보호되기가 쉽지 않다. 아이디어와 표현의 이분법으로 나누어 판단할 경우 구체적인 대본이 존재하지 않고 표현이 존재하지 않으므로 저작권 유사침해 판단이 쉽지 않다. 음악, 무대세트, 대사, 화면 구성의 유사성을 중심으로 저작권 침해를 인정할 가능성은 있지만, 극본이 그대로 진행되지 않는 형식의 경우 출연자의 구성과 내용에 따라 다른 내용이 방송되므로 저작권 침해를 인정하기 쉽지 않다. 이에 따라 저작권 침해가 인정되지 않는 경우 상표권, 부정경쟁행위, 「민법」상 불법행위 등을 원인으로 보호하는 방안이 있다.

---

16 최두진, "편집저작물에 관한 법적 고찰", 인하대학교 법학연구소, 『법학연구』 12(2), 2009. 8, 273면.

SECTION Ⅲ

저작물의 분류

1 어문 저작물

(1) 도서의 제목이나 광고 문구

도서의 제목, 광고의 문구, 행사의 표어나 슬로건 같은 종류는 저작권으로 보호받지 못한다. 공중의 영역이므로 누구나가 사용 가능하며 개인이 독점하지 못한다. 이에 따라 슬로건 보호를 위하여는 상표로 보호하는 방안이 있다. 노래 제목, 책 제목 등도 저작권으로 보호받지 못한다. 나이키의 “just do it”, 아디다스의 “nothing is impossible” 등은 저작권이 아닌 상표로 보호받아야 한다. 다만, 분량이 적더라도 인간의 사상이나 감정을 표현하게 되면 저작물로 인정할 수 있다. “일반적으로 트윗 글은 140자 이내라는 제한이 있고 신변잡기의 일상적 표현도 많으며, 문제 된 이 사건 트윗 글 중에도 문구가 짧고 의미가 단순한 것이 있기는 하다. 트윗 글은 전체적으로 이외수의 사상 또는 감정이 표현된 글로서 저작물이다.”[17]

(2) 실용적 어문 저작물의 보호

수험서 등의 실용적 어문 저작물의 경우 누가 하더라도 같거나 비슷한 경우 창작성이 인정되기 쉽지 않다.

(3) 시험문제 저작권

시험문제도 창작성이 있으면 저작권 대상으로 보호된다.

(4) 원리나 방식의 저작권

사상이나 감정 그 자체로는 보호되지 아니하고 외부적으로 표현된 결과물만이 저작물로 보호된다. 창작적인 학습이론이나 표현기법은 저작권 보호대상이 아니다. 그 이론이나 기법 자체를 산업재산권(특허, 상표 등)으로 보호하는 방안이 필요하다.

2 연극 저작물

(1) 연극의 저작물성

연극은 극본, 연출, 연기 등이 결합한 결합 저작물이다. 공연예술 분야에서 저작권과 관련된 갈등 발생 시, 아이디어 · 표현 이분법이 판결의 대원칙으로 전제된다. 창작성의 기준, 저작권 침해의 판단 근거로 아이디어와 표현의 각 해당 요건이 적용된다. 법원으로부터 창작성을 인정받은 표현의 영역에는 대사 · 동작 · 장면 · 리듬 등 극을 구성하는 요소에

17 서울남부지방법원 2013. 5. 9. 선고 2012고정4449 판결.

서 구체성, 복잡성, 독창성, 유일성의 성격을 지녔지만, 아이디어 영역에는 극을 구성하기 위한 밑받침으로서의 사실 · 자료 · 형식 · 기술 · 원리 측면에서 추상성, 단순성, 보편성, 대체 가능성의 성격을 지니는 것으로 파악되었다.[18]

Ex 뮤지컬 〈사랑은 비를 타고〉 사건

뮤지컬 자체는 연극 저작물의 일종으로서, 뮤지컬은 음악과 춤이 극의 구성 · 전개에 긴밀하게 짜 맞추어진 연극으로서, 각본, 악곡, 가사, 안무, 무대미술 등이 결합한 종합예술의 분야에 속하고 복수의 저작자에 의하여 외관상 하나의 저작물이 작성된 경우이기는 하나, 그 창작에 관여한 복수의 저작자들 각자의 이바지한 부분이 분리되어 이용될 수도 있다는 점에서, 공동저작물이 아닌 단독 저작물의 결합에 불과한 이른바 '결합 저작물'이라고 봄이 상당하다. [대법원 2005. 10. 4. 2004마639 결정(공연금지가처분)]

〈사랑은 비를 타고〉 사건과 같이 우리나라 법원은 뮤지컬, 오페라, 무용, 무언극과 관련된 일련의 사건에서 연극 저작물의 법적 성격과 관련하여 결합 저작물에 해당한다는 입장이다. 이 사건에서 법원은 뮤지컬 제작자와 연출자가 뮤지컬의 저작권자이거나 공동저작권자에 해당하는지를 판단하기 위한 전제로서, 먼저 뮤지컬은 음악과 춤이 극의 구성 · 전개에 긴밀하게 짜 맞추어진 연극으로서 각본, 악곡, 가사, 안무, 무대미술 등이 결합한 종합예술의 분야에 속하고 복수의 저작자에 의하여 외관상 하나의 저작물이 작성된 경우이기는 하나 그 창작에 관여한 복수의 저작자들 각자의 이바지한 부분이 분리되어 이용될 수도 있다는 점에서 공동저작물이 아닌 결합 저작물이라고 보는 것이 타당하다고 판시하고 있다.

18 이재원 · 나윤빈 · 권혁인, "공연예술 저작권 분쟁 사례 연구: 연출가의 권리 보호를 중심으로", 한국예술경영학회, 『예술경영연구』 36, 2015. 11, 101면.

(2) 무대 디자인

무대 디자인은 「민법」상 계약, 불법행위, 부당이득 책임과 「저작권법」에 따른 보호가 가능하다. 그러나 무대 디자인을 완성하기 위해 투여된 노력의 가치를 인정하고 이를 충분히 보호하기에는 아직 미흡한 점들이 있다. 「저작권법」을 적용하기 위해서는 저작물의 성립요건을 충족시켜야 하고, 다수의 저작자 간에 발생하는 권리관계를 조정해야 하므로 무대 디자인으로 보호될 수 있는 범위와 저작권자의 범위를 결정함에 있어서 실질적 제한이 있을 수 있다.[19]

3 무용 저작물

싸이의 〈강남스타일〉의 안무인 '말춤'이 유행하며 안무저작권에 대한 여론이 환기되고 있었다. 2011년도에 서울중앙지방법원과 서울고등법원에서 대중가요안무(시크릿의 〈샤이보이〉의 안무)의 저작권을 인정하는 판결이 내려졌다. 〈샤이보이〉의 안무가가 자신의 춤을 이용해 강의에 사용하고 안무 동영상을 학원 홈페이지에 게재한 댄스 교습학원을 상대로 손해배상 및 위자료 청구와 동영상 게재금지 청구를 하였는데, 법원이 저작권 침해를 인정하여 승소판결을 내렸다.[20]

사상 감정을 표현하면서 창작성이 있으면 저작물성이 인정될 수 있다. 단순한 몸동작 하나하나가 무용 저작물로 보호되기는 어렵다. 연속 동작을 통하여 인간의 사상이나 감정이 포함된 하나의 극을 표현하는 전체적

---

19 한지영, "무대 디자인의 보호방안에 관한 연구", 부산대학교 법학연구소, 『법학연구』 55(1), 2014. 2, 325면.

20 서울중앙지방법원 2011가합23960 판결, 서울고등법원 2011나104668 판결.

인 부분이 보호를 받을 수 있다. 무용전문가와 법학전문가는 무용의 저작권 보호에서 상반된 의견을 가진다. 무용전문가는 현행 「저작권법」에 대해 잘 알지 못하고 법학전문가는 무용 저작물의 특성을 제대로 알지 못하기 때문이다. 무용전문가와 법학전문가의 이해 차이가 좁혀져야 무용저작권이 제대로 보호될 수 있을 것이다.[21]

사교댄스의 저작물성 인정과 관련하여 단순한 기존의 스텝인 경우는 창작성을 인정하지 않아 보호되기 어렵다.

Ex 〈Shall we dance〉 사건

일본의 유명 영화 〈Shall we dance〉의 안무가가 자신의 저작권 침해 문제를 주장한 사안에서 법원은 "극히 짧고 일반적으로 사용되는 스텝 등은 저작물성이 인정될 수 없으며, 짧은 신체의 동작이나 움직임에 저작물성을 인정하고 독점을 인정하는 것은 본래 자유이어야 하는 인간의 몸의 움직임을 과도하게 제약하는 것으로 타당치 못하다"고 판결하였다. [東京地裁 平成24年(2012) 2月28日선고 平成20年(ワ)第9300号 판결]

피겨 스케이팅의 안무도 창작성이 인정되면 보호될 수 있다. 걸그룹 안무도 창작성이 인정되면 보호할 수 있다. 댄스 학원에서 교습비를 받고 강습하거나, 광고 등에 그대로 이용하는 것은 저작권 침해의 문제가 발생할 수 있다. 걸그룹 시크릿의 〈샤이보이〉 안무 사건에서 안무는 원고가 노래에 맞게 소녀들에게 적합한 일련의 신체적 동작과 몸짓을 창조적으로 조합·배열한 것으로서 원고의 사상 또는 감정을 표현한 창작물에 해당한다.[22]

21 홍미성, "델파이기법을 이용한 안무저작권의 보호범위", 한국체육학회, 『한국체육학회지』 55(6), 2016. 11, 639면.

22 서울고등법원 2012. 10. 24. 선고 2011나104668 판결.

4 미술 저작물

(1) 미술 저작물의 보호

형상 또는 색채에 의해 미적으로 보호되는 저작물로 회화 · 서예 · 조각 · 판화 · 공예 · 응용미술 저작물 등이다.

(2) 응용미술 저작물의 보호

"응용미술 저작물"은 물품에 동일한 형상으로 복제될 수 있는 미술 저작물로서 그 이용된 물품과 구분되어 독자성을 인정할 수 있는 것을 말하며, 디자인 등을 포함한다. 응용미술 저작물의 경우 디자인으로 중첩적으로 보호할 수 있다.

Ex 서적 표지 디자인 사건

응용미술 저작물로서 「저작권법」의 보호를 받기 위해서는, 산업적 목적으로의 이용을 위한 '복제 가능성'과 당해 물품의 실용적 · 기능적 요소로부터의 '분리 가능성'이라는 요건이 충족되어야 한다. [대법원 2013. 4. 25. 선고 2012다41410 판결(출판및판매금지등)]

Ex 히딩크 넥타이 사건

일명 '히딩크 넥타이'의 도안이 우리 민족 전래의 태극문양 및 팔괘 문양을 상하좌우 연속 반복한 넥타이 도안으로서 응용미술작품의 일종이라면 위 도안은 '물품에 동일한 형상으로 복제될 수 있는 미술 저작물'에 해당한다고 할 것이며, 또한 그 이용된 물품과 구분되어 독자성을 인정할 수 있는 것이라면 「저작권법」에서 정하는 응용미술 저작물에 해당한다고 한 사례. [대법원 2004. 7. 22. 선고 2003도7572 판결(저작권법위반)]

현대미술에 있어서 우연히 형태가 유사하다는 것은 사실상 거의 불가능하다. 현대미술 장르에서 저작권 분쟁이 있는 경우에는 각 저작물의 장르마다 실질적 유사성의 기준을 달리 보는 판례의 경향에 따라서도 아이디어의 중요성을 강조하여 현대 시각미술 저작물의 실질적 유사성을 넓게 인정할 필요가 있다. 피고를 구제하기 위해서는 작품이 새로운 독창성이 있거나, 공정이용이 있다는 식으로 항변하는 것이 바람직하다. 그러나 궁극적으로는 법원에 의한 구체적인 판례가 더욱 자세하고 다양하게 쌓이고, 이러한 학계의 연구 및 판례법을 토대로 하여 입법적 해결이 필요하다.[23]

(3) 디자인과 미술 저작물

현행 국내법상 디자인의 보호에 있어 저작권이 디자인권과 비교하면 권리존속의 기간이 길고 엄격한 요건 없이 등록할 수 있다는 점에서 매우 강력하고 간편한 법적 보호를 제공한다. 유행성이 강하고 라이프사이클이 짧은 패션의 속성을 고려할 때, 창작자 사후 70년의 장기간에 걸친 패션디자인의 저작권적 보호는 과도한 보호라는 우려도 설득력이 있다.[24] 이중적으로 보호할 수 있는 우리나라와 같은 법제적 환경에서는 창작물의 경제적 가치와 가능성을 다각도에서 점검하고 창작물의 법적 권리화 문제를 예술적 가치의 관점에서뿐만 아니라 경영의 관점에서도 접근할 필요가 있다. 즉, 「저작권법」과 「디자인보호법」은 법 목적, 보호대상 및 권리의 효력 등에서 각각 차이가 있어 작가는 보호하고자 하는

---

23 최동배 · 김별다비, "현대미술 장르에서 표절이 저작권 침해가 되기 위한 요건에 관한 연구", 전북대학교 법학연구소, 『법학연구』 40, 2013. 12, 379면.

24 조경숙, "패션디자인의 저작권법상 보호 가능성에 대한 고찰: 저작물의 성립요건과 보호대상 저작물의 유형 검토를 중심으로", 한국복식학회, 『복식』 64(1), 2014. 1, 133면.

창작물의 성격이나 사업상 이용 가능성 및 활용 목적 등을 고려하여 저작권과 디자인권 중 어떤 법적 보호 장치를 통해 창작물을 보호할 것인지를 전략적으로 선택해야 한다.[25]

디자인 등록과 저작권 등록은 일부 양립할 수 있다. 다만, 그 보호범위가 달라서 동시에 두 가지 등록이 모두 가능하지 않을 수도 있다. 디자인권의 경우 출원과정을 통하여 등록되어야만 보호가 되며, 디자인권이 인정되기 위해서는 신규성 및 창작 비용이성이 인정되어야 한다. 그리고 디자인권이 등록되면 누구라도 해당 디자인과 동일, 유사한 디자인에 대하여 권리를 주장할 수 없다. 저작권은 별도의 등록이 이루어지지 않더라도 보호받을 수 있고, 창작성이 인정되면 저작권이 인정된다. 저작권이 발생한 저작물과 실질적으로 유사한 콘텐츠를 창작한 경우 그 창작자가 만약 기존의 저작물을 전혀 참고하지 않고 전혀 별개로 창작한 것이라면, 그러한 창작물은 기존의 저작물과 실질적으로 유사하다고 하더라도 별개의 저작권이 인정될 수도 있다. 디자인 등록과 저작권 등록 중 어느 등록이 더 효과적으로 보호받는 방안이 될 것인지는 각 사안에 따라 다르다.

5 건축 저작물

건축물 · 건축을 위한 모형 및 설계도서 등으로 사상 또는 감정이 토지상의 공작물에 표현된 것을 말한다.

25 조경숙, "순수 · 응용미술저작물의 저작권법상 보호", 아시아민족조형학회, 『아시아민족조형학보』 13, 2014. 6, 55면.

6 사진 저작물

사진 및 이와 유사한 제작 방법으로 인간의 사상 또는 감정을 영상의 형태로 표현한 저작물을 말한다. 사진 저작물의 경우 피사체의 선정, 구도의 설정, 빛의 방향과 양의 조절, 카메라 각도의 설정, 셔터의 속도, 셔터 찬스의 포착, 기타 촬영 방법, 현상 및 인화 등의 과정에서 촬영자의 개성과 창조성이 인정되어야 한다.[26] 이에 따라 저작자의 사상과 감정이 창작적으로 표현되면 어떠한 방식으로 찍어도 사진에 저작권이 생긴다. 이에 따라 음식 사진을 창작성이 있게 찍으면 저작권이 생긴다. 이를 허락받지 않고 복제하면 저작권 침해가 된다. 따라서 마음대로 사진을 퍼가면 안 된다.

다만, 사진의 경우 누가 찍어도 개성이 표현될 여지가 전혀 없는 경우는 예외적으로 저작권이 인정되지 않으므로 이를 이용하여도 저작권 침해가 되지는 않는다.

7 영상 저작물

"영상 저작물"은 연속적인 영상(음의 수반여부는 가리지 아니한다)이 수록된 창작물로서 그 영상을 기계 또는 전자장치에 의하여 재생하여 볼 수 있거나 보고 들을 수 있는 것을 말한다. CCTV 영상과 같이 창작성이

26 대법원 2001. 5. 8. 선고 98다43366 판결. 「저작권법」에 의하여 보호되는 저작물이 되기 위해서는 문학·학술 또는 예술의 범위에 속하는 창작물이어야 하므로 그 요건으로서 창작성이 요구되는바, 사진 저작물은 피사체의 선정, 구도의 설정, 빛의 방향과 양의 조절, 카메라 각도의 설정, 셔터의 속도, 셔터 찬스의 포착, 기타 촬영 방법, 현상 및 인화 등의 과정에서 촬영자의 개성과 창조성이 인정되어야 「저작권법」에 의하여 보호되는 저작물에 해당된다.

없는 것은 영상 저작물이 될 수 없다. 스포츠 경기의 경우 단순한 앵글이 아닌 다양한 앵글과 촬영 · 편집에서 창작성이 인정되면 영상 저작물이 될 수 있다.

8 도형 저작물

(1) 도형 저작물

지도 · 도표 · 설계도 · 약도 · 모형 그 밖의 도형으로 인간의 사상 또는 감정을 창작적으로 표현한 것이다. 새로운 사업에 대한 아이디어를 기술한 제안서가 보호받는다는 것은 아이디어 자체에 대한 보호를 의미하는 것이 아니라, 그 표현(서술된 문장, 설계도, 사진, 그림 등)에 대한 보호에 그친다.

(2) 지도의 저작물성

지도는 지표상의 산맥 · 하천 등의 자연적 현상과 도로 · 도시 · 건물 등의 인문적 현상을 일정한 축척으로 약속된 특정한 기호를 사용하여 객관적으로 표현한 것이다. 지도의 창작성 판단기준은 지도의 내용이 되는 자연적 현상과 인문적 현상을 종래와 다른 새로운 방식으로 표현하였는지, 그 표현된 내용의 취사선택에 창작성이 있는지이다. 지도상에 표현되는 자연적 현상과 인문적 현상은 사실 그 자체일 뿐 저작권의 보호대상은 아니다. 소재의 선택, 배열, 표현 방법을 종합하여 창작성을 판단한다.

(3) 설계도의 저작물성

설계도의 저작물성을 보면 창작성이 인정될 여지가 적다. 기술적 사상은 특허 등의 방식으로 보호해야 한다.

9 컴퓨터 프로그램 저작물

컴퓨터 프로그램 저작물은 특정한 결과를 얻기 위하여 컴퓨터 등 정보처리능력을 가진 장치(이하 "컴퓨터"라 한다) 내에서 직접 또는 간접으로 사용되는 일련의 지시 · 명령으로 표현된 창작물을 말한다. 컴퓨터 프로그램은 특허와 저작물로 동시에 보호될 수 있다. 다만, 아이디어인 알고리즘은 보호되지 않고 표현만이 저작권으로 보호된다. 서체 파일이나 폰트도 프로그램으로 보호된다.

Ex 서체 파일의 저작권

서체 파일을 제작하는 과정에서 글자의 윤곽선을 수정하거나 제작하기 위한 제어점들의 좌푯값과 그 지시 · 명령어를 선택하는 것에는 서체 파일 제작자의 정신적 노력의 산물인 창의적 개성이 표현되어 있다고 봄이 상당하고, 따라서 윤곽선의 수정 내지 제작작업을 한 부분의 서체 파일은 프로그램 저작물로서의 창작성이 인정된다. [대법원 2001. 6. 29. 선고 99다23246 판결]

SECTION Ⅳ

저작자와 저작권자

1 저작자

(1) 저작자와 저작권자 구별

저작자는 저작물을 창작한 사람을 의미하며, 저작권자는 저작권을 보유한 사람을 의미한다. 예를 들어 빈센트 반 고흐가 그림을 그린 경우에 그림을 그린 고흐가 저작자가 된다. 그림을 구매한 사람은 물건인 그림 자체에 소유권만 있다. 창작한 고흐가 저작자인 동시에 저작권자가 되며, 이후 저작재산권을 고흐가 다른 사람에게 양도하면 고흐가 아닌 다른 사람이 그 그림에 대한 저작재산권자가 된다.

예를 들어 마이클 잭슨이 비틀스 노래의 저작권을 사고 이에 대한 저작권이 마이클 잭슨에게 이전되면 비틀스는 저작자이나 더는 저작권자가 아니게 된다. 마이클 잭슨은 비틀스 노래의 저작자는 아니나 권리를 양도받았으므로 저작권자가 된다. 이후 마이클 잭슨이 사망하여 저작권이 상속되면 상속받은 사람이 비틀스 노래의 저작권자가 된다. 따라서 저작자는 처음에 저작물을 창작하면 저작자인 동시에 저작권자가 되지만 이후에 저작재산권이 양도나 상속되면 다른 사람이 저작권자가 된다.

(2) 창작자 원칙

저작물을 창작한 자가 저작자가 된다. 저작물을 창작하게 되면 어떠한 절차도 필요 없이 그때부터 창작자가 저작자가 된다. 특허의 경우는 특허청에 출원하여 심사를 받고 등록을 하는 경우에 권리가 발생한다. 저작권의 경우는 다른 절차가 필요 없이 저작권이 발생한다.

창작적인 표현형식에 이바지한 사람만이 저작물의 저작자가 된다. 창작의 힌트나 소재를 제공한 자는 저작자가 되지 않는다. 예를 들어 미국의 〈말콤 X〉 영화 사건을 보면 창작에 주요한 내용을 자문한 사람이더라도 창작에 이바지하지 않으면 저작자가 아니다. 또한, 〈타짜〉 만화와 영화에서 실재 인물로 창작의 모티브가 된 사람은 저작자가 아니다. 예를 들어 자폐아 소재 영화 〈말아톤〉 실제 인물은 저작자가 아니다.

(3) 저작물의 조수

저작물을 창작할 당시 창작에 실질적으로 관여하지 않고 보조역할을 한 경우 저작자가 아니다. 예를 들어 만화가의 문하생이나 어시스트가 있다. 이들은 메인 캐릭터를 생성하는 것은 아니고 바탕색이나 일부 적은 부분의 그림을 그리는 보조역할을 하여 저작자가 되지 못한다. 다만, 창작에 실질적으로 기여한 바가 있는 경우에는 저작자로 인정될 수 있다.

(4) 창작의 의뢰자, 주문자

창작을 위해 의뢰나 주문을 하는 경우는 저작자로 볼 수 없다. 예를 들어 레오나르도 다빈치의 〈모나리자〉의 경우 의뢰자나 모델은 저작자가 아니고 실제로 그린 사람이 저작자가 된다. 또한, 대필작가의 경우 집필을 의뢰한 사람이 저작자가 되는 것은 아니고 합의로 집필자가 저작자인을 주장하지 않을 것을 약속하는 것이다. 전기 작가의 경우 주요한 내용을 구술하거나 사실의 제공에 그친 경우는 주인공이 저작자가 되지 못한다. 원칙적으로 김연아 전기, 반기문 전기, 박찬호 전기의 경우 작가가 저작자이다. 실재 인물이 집필한 것이 아니라 작가가 이야기를 서술하였기 때문이다. 단, 실재 인물의 사진이나 기사 사용의 경우에 저작권 침해 우려가 있다. 저작권이 다른 사람에게 있기 때문이다.

(5) 저작자 등의 추정

다음 각 호의 어느 하나에 해당하는 자는 저작자로서 그 저작물에 대한 저작권을 가지는 것으로 추정한다(「저작권법」 제8조).

1. 저작물의 원본이나 그 복제물에 저작자로서의 실명 또는 이명(예명 · 아호 · 약칭 등을 말한다. 이하 같다)으로서 널리 알려진 것이 일반적인 방법으로 표시된 자
2. 저작물을 공연 또는 공중송신하는 경우에 저작자로서의 실명 또는 저작자의 널리 알려진 이명으로서 표시된 자

예를 들어 웹툰 작가 이말년, 기안 84 등의 경우 실제 이름과 필명이 다르지만 필명을 보고 저작자를 추정한다.

2 공동저작자

(1) 공동저작물

"공동저작물"은 2인 이상이 공동으로 창작한 저작물로서 각자의 이바지한 부분을 분리하여 이용할 수 없는 것을 말한다.

(2) 공동저작물과 결합저작물의 차이

공동저작물은 각자 분리할 수 없지만, 결합저작물은 분리하여 개별적으로 이용할 수 있다. 그림이나 노래를 2인 이상이 만들어 합체한 경우는 분리할 수 없지만, 뮤지컬은 극본, 안무, 무대 디자인, 노래 등으로 분리하여 이용할 수 있다.

(3) 공동 창작의 의사

Ex **〈친정 엄마〉 대본 사건**

① A는 자신이 작성한 연극 'ㅇㅇ엄마'의 초벌대본이 B에 의하여 수정 · 보완되어 새로운 창작성이 부여되는 것을 용인하였고, B도 A와 별개의 연극대본을 작성할 의도가 아니라 A가 작성한 초벌대본을 기초로 이를 수정 · 보완하여 더욱 완성도 높은 연극대본을 만들기 위하여 최종대본의 작성 작업에 참여한 점, ② A는 초벌대본이 B에 의하여 수정 · 보완되어 연극으로 공연되기까지 극작가의 지위를 유지하면서 대본작업에 관여하였고, B도 이 사건 저작물의 작성과정에서 A로부터 수정 · 보완작업의 전체적인 방향에 관하여 일정 부분 통제를 받기는 하였으나 상당한 창작의 자유 또는 재량권을 가지고 수정 · 보완작업을 하여 연극의 중요한 특징적 요소가 된 새로운 캐릭터 · 장면 및 대사 등을 상당 부분 창작한 점, ③ 최종대본은 그 창작적인 표현형식에 있어서 A와 B가 창작한 부분을 분리하여 이용할 수 없는 단일한 저작물이 된 점 등을 살펴보면, A와 B는 이 사건 저작물의 공동저작자로 봄이 타당하다. [대법원 2014. 12. 11. 선고 2012도16066 판결(저작권법위반)]

(4) 공동저작자의 저작인격권

공동저작물의 저작인격권은 저작자 전원의 합의에 의하지 아니하고는 이를 행사할 수 없다. 이 경우 각 저작자는 신의에 반하여 합의의 성립을 방해할 수 없다. 공동저작물의 저작자는 그들 중에서 저작인격권을 대표하여 행사할 수 있는 자를 정할 수 있다.

(5) 공동저작자의 저작재산권의 기간과 저작재산권의 행사

공동저작물의 저작재산권은 맨 마지막으로 사망한 저작자가 사망한 후 70년간 존속한다.

공동저작물의 저작재산권은 그 저작재산권자 전원의 합의에 의하지 아니하고는 이를 행사할 수 없으며, 다른 저작재산권자의 동의가 없으면 그 지분을 양도하거나 질권의 목적으로 할 수 없다. 이 경우 각 저작재산권자는 신의에 반하여 합의의 성립을 방해하거나 동의를 거부할 수 없다.

공동저작물의 이용에 따른 이익은 공동저작자 간에 특약이 없는 때에는 그 저작물의 창작에 이바지한 정도에 따라 각자에게 배분된다. 이 경우 각자의 이바지한 정도가 명확하지 아니한 때에는 균등한 것으로 추정한다. 공동저작물의 저작재산권자는 그 공동저작물에 대한 자신의 지분을 포기할 수 있으며, 포기하거나 상속인 없이 사망한 경우에 그 지분은 다른 저작재산권자에게 그 지분의 비율에 따라 배분된다.

3 업무상 저작물

(1) 업무상 저작물

'업무상 저작물'은 법인 · 단체 그 밖의 사용자(이하 "법인 등"이라 한다)의 기획하에 법인 등의 업무에 종사하는 자가 업무상 작성하는 저작물을 말한다. 저작물의 창작은 본래 사람이 하므로 사람만이 창작자가 되는 것이 원칙이지만, 법적으로는 업무상 작성된 저작물의 경우에 한하여 법인이나 단체(이하 "법인 등"이라 한다)를 창작자로 의제하고 있다.

법인 등이 업무상 저작물의 저작자가 되기 위해서는 다음의 요건을 충족해야 한다.

첫째, 고용된 근로자가 창작한 저작물이어야 한다. 여기서 '근로자'란 고용계약으로 회사나 단체 등의 업무를 위하여 고용된 자를 말한다. 예컨대 각종 회사원 · 공무원 · 교사 등을 말하며, 프리랜서는 여기에 해당되지 않는다.

둘째, 법인 등의 기획하에 업무상 창작한 저작물이어야 한다. 즉, 법인 등을 위한 업무로서 창작한 저작물이어야 한다는 뜻이다. 근로자가 근무시간에 창작한 저작물일지라도 회사의 업무가 아닌 개인적 취미로 창작한 저작물은 개인저작물이다.

셋째, 법인 등의 이름으로 공표되어야 한다. 여기에는 법인 등의 이름으로 공표할 것을 예정한 것도 포함된다. 따라서 개인 이름으로 공표되거나 법인 등의 이름으로 공표를 예정하지 않은 저작물은 일단 개인이 저작자로 추정된다. 왜냐하면, 업무상 저작물에 대하여 법인 등을 저작자로 의제하는 것은 창작자주의의 예외로써 인정되는 것이고, 「저작권법」 제9조는 법인 등을 업무상 저작물의 저작자로 보기 위한 충족요건을 규정한 것인데 그 요건을 충족하지 않은 업무상 저작물은 일반원칙, 즉, 창작자주의의 원칙이 적용되어야 하기 때문이다.

넷째, 근로계약이나 근무규칙에 업무상 창작한 저작물의 저작자를 근로자로 한다는 약정이나 규정이 없어야 한다. 만약 그러한 약정이나 규정이 있는 때에는 비록 법인 등의 이름으로 공표할 것을 예정한 것일지라도 그 업무상 저작물의 저작자는 근로자가 된다.

(2) 업무상 저작물의 저작자

일반적으로 창작을 한 사람이 저작자가 되나, 그를 고용하는 기업이나 단체가 저작자가 되는 것이 업무상 저작물의 예외이다. 법인 등의 명의로 공표되는 업무상 저작물의 저작자는 계약 또는 근무규칙 등에 다른 정함이 없는 때에는 그 법인 등이 된다. 다만, 컴퓨터 프로그램 저작물의 경우 공표될 것을 필요로 하지 아니한다.

(3) 업무상 저작물의 요건

법인 · 단체 그 밖의 사용자가 저작물 작성을 기획하고, 법인 등의 업무에 종사하는 사람에 의하여 작성되어야 한다. 또한, 업무상 작성하고 법인 등의 명의로 공표되며, 계약 또는 근무규칙 등에 다른 정함이 없어야 한다.

(4) 직무상 발명과의 차이

특허의 경우는 직접 창작한 사람이 발명자가 되고 회사가 보상하고 발명을 승계할 수 있지만, 저작권의 경우는 회사가 처음부터 저작권자가 되는 점에서 차이가 있다.

CHAPTER 06

저작권과 저작인접권

SECTION I

저작권

1 저작권의 발생

저작권은 저작물을 창작한 때부터 발생하며 어떠한 절차나 형식의 이행이 필요하지 아니한다. 무방식주의는 저작물의 모습을 갖추면 공표나 저작자 표시 등록을 하지 않고도 그때부터 보호한다. 방식주의에는 특정 저작물을 저작물로 보호받기 위하여 등록이나 저작권 표시, 납본 등의 일정한 방식이 있다. 특허나 상표는 등록을 효력발생의 요건으로 하고 있다.

2 저작권과 다른 권리와의 관계

(1) 저작권과 소유권의 관계

저작권은 눈에 보이지 않는 무체적인 권리이나 소유권은 눈에 보이는 물건에 대한 권리이다. 예를 들어 악보에 음악을 작곡한 경우 작곡가가 음악에 대한 저작권을 가지나, 악보를 다른 사람에게 팔면 악보 자체에 대한 소유권이 이전한다. 소설가가 원고지에 소설을 쓴 경우 저작권은 소설가에게, 원고 초본을 팔면 원고 소유권은 산 사람에게 이전한다.

(2) 저작권과 상표권의 관계

양자는 병존하여 가능할 수 있다. 다만, 상표는 등록하여야 한다.

(3) 저작권과 디자인권의 관계

양자는 병존하여 가능할 수 있다. 다만, 디자인은 등록하여야 한다.

3 저작권의 내용

저작권은 저작인격권과 저작재산권으로 구성된다. 저작인격권은 저작물에 대한 저작자의 명예나 명성을 보호하는 권리이고, 저작재산권은 저작자의 경제적 이익을 보전하는 권리이다.

(1) 저작인격권

저작인격권은 공표권, 성명표시권, 동일성유지권으로 구성된다.

공표권은 저작물을 창작하여 공표하거나 공표하지 않을 권리이다. 미공표 저작물을 저작자의 허락 없이 임의대로 공표하면 공표권 침해가 된다. 다만, 공표권은 최초 한 번 행사하면 소멸한다.

성명표시권은 저작물의 최초 공표 시 저작자가 실명(實名) 또는 이명(異名)을 표시하거나 아무런 표시를 하지 않을 권리이다. 저작물을 이용하는 사람이 저작자의 이름을 다른 사람의 이름으로 표시하거나[1] 빠뜨리게 되면 성명표시권 침해가 된다.

동일성유지권은 저작물의 내용 · 형식 및 제호의 동일성을 유지할 권리이다. 다른 사람의 저작물을 이용하면서 글의 제목을 변경 혹은 삭제하거나 저작물 전체나 일부를 변경하는 것 등이 여기에 해당한다.[2]

(2) 저작재산권

저작재산권은 복제권, 공연권, 공중송신권, 전시권, 배포권, 대여권, 2차적 저작물 작성권으로 구성된다.

복제권은 저작물을 인쇄 · 사진 · 복사 · 녹음 · 녹화 그 밖의 방법에 따라 유형물에 고정하거나 유형물로 다시 제작할 권리이다. 책을 복사하거나 그림이나 사진 등을 책에 수록하거나 음악 CD를 굽거나 인터넷에서 자료를 내려받는 것 등이 여기에 해당한다.

공연권은 저작물을 상연 · 연주 · 가창 · 강연 · 상영 그 밖의 방법으로 공중에게 공개하는 것과 그렇게 공개된 것의 복제물을 재생하여 공중에게 공개할 권리이다. 영화관에서 영화를 상영하거나 극장에서 연극 혹은 무용을 하거나 강연 등이 공연에 해당한다. 또 음악 CD나 비디오테이프 등을 재생하여 공개하는 것도 여기에 해당한다.

---

1 대법원 1995. 10. 2. 선고 94마2217 결정. 동 법원은 "저작물을 수정하여 발간하면서 저작물의 공동저작자인 신청인의 성명을 표기하지 아니하고 피신청인을 공동저작자로 표시한 것은 신청인의 저작물에 대한 저작인격권을 침해한 결과로 된다"고 판시하였다.

2 서울고법 1994. 9. 24. 선고 92나35846 판결. 우리 법원은, '중민화의 길'이라는 제목으로 60분간 TV 강연을 하기로 약정하고 녹화하였으나 방송사가 20여 분을 임의대로 삭제 수정하여 40분간만 방송한 사건에서 동일성유지권 침해를 인정하였다.

공중송신권은 저작물을 공중이 수신하거나 접근하게 할 목적으로 무선 또는 유선 통신의 방법에 따라 송신하거나 이용에 제공할 권리이다. 즉, 유·무선을 통하여 저작물을 송신할 권리이다. 여기에는 방송·전송·디지털음성 송신 등이 포함된다. 방송은 공중이 동시에 수신하게 할 목적으로 무선 또는 유선 통신의 방법에 따라 음성·음향 또는 영상 등을 송신하는 것을 말한다. 지상파방송·유선방송·위성방송이 여기에 해당한다.

전시권은 공중이 직접 접근하여 보게 할 권리이다. 전시권은 미술·사진·건축 저작물의 작가에게만 인정된다. 박물관이나 미술관 혹은 화랑 등에서 그림 등을 전시하는 것 등이 여기에 해당한다.

배포권은 원작품이나 그 복제물을 대가를 받거나 받지 아니하고 공중에게 양도하거나 대여할 권리이다. 그러나 배포권은 원본 자체를 양도하거나 증여하는 것에는 적용되지 않는다. 원본 자체의 재배포에 대해서는 배포권이 적용되지 않는다는 권리소진이론 혹은 최초판매원칙(First Sale Doctrine)이 적용되기 때문이다.

2차적 저작물 작성권은 원저작물을 번역·편곡·변형·각색·영상제작 그 밖의 방법으로 작성할 권리이다. 2차적 저작물은 원작품의 내용을 변경하지 않고 표현을 바꾸는 것을 말한다. 영어로 된 글을 한국어로 번역하거나, 입체적 작품을 평면적 작품으로 만들거나, 소설을 영화화하거나, 장문을 단문으로 요약하거나 축약하는 것 등이 여기에 해당한다. 2차적 저작물을 이용할 때는 2차적 저작물 작성권자뿐만 아니라 항상 원저작권자의 허락도 함께 받아야 한다.

4 저작권의 성질

저작재산권은 양도나 이전이 가능하지만, 저작인격권은 저작자 일신에 전속專屬하기 때문에 양도나 이전이 불가능하다. 따라서 저작재산권을 양도받아 저작물을 이용할 때도 저작물을 변경하여 이용하지 않도록 주의해야 하고, 성명을 표시해 주어야 한다.

5 저작재산권자 불명인 저작물의 이용

누구든지 대통령령으로 정하는 기준에 해당하는 상당한 노력을 기울였어도 공표된 저작물의 저작재산권자나 그의 거소를 알 수 없어 그 저작물의 이용허락을 받을 수 없는 경우에는 대통령령으로 정하는 바에 따라 문화체육관광부 장관의 승인을 얻은 후 문화체육관광부 장관이 정하는 기준에 의한 보상금을 위원회에 지급하고 이를 이용할 수 있다.

6 저작권과 저작물이 수록된 매체의 소유권

저작물에 대한 저작권과 그 저작물이 수록된 매체의 소유권은 다른 권리이다. 예를 들어 고흐의 그림에 대한 저작권과 그림을 가진 자의 그림 소유권, 책 저자의 저작권과 책을 구매한 사람의 책의 소유권이 달라진다.

(1) 최초판매원칙(First Sale Doctrine)

저작자는 저작물의 원본이나 그 복제물을 배포할 권리를 가진다. 다만, 저작물의 원본이나 그 복제물이 해당 저작재산권자의 허락을 받아 판매 등의 방법으로 거래에 제공된 경우에는 그러하지 아니하다(「저작권법」 제20조).

(2) 미술 저작물의 예외

미술 저작물 등의 원본의 소유자나 그의 동의를 얻은 자는 그 저작물을 원본에 의하여 전시할 수 있다. 제1항의 규정에 따라 전시를 하는 자 또는 미술 저작물 등의 원본을 판매하고자 하는 자는 그 저작물의 해설이나 소개를 목적으로 하는 목록 형태의 책자에 이를 복제하여 배포할 수 있다(「저작권법」 제35조).

7 저작재산권의 소멸

보호기간 만료 시 저작권은 소멸된다. 일반적으로 저작권은 저작자의 생존기간과 그의 사망 후 70년간 보호된다. 그러나 예외적으로 실명이 아닌 이명으로 공표하거나 무명(無名)으로 공표한 저작물, 영상 저작물 그리고 법인 등이 저작자인 업무상 저작물은 공표한 때로부터 70년간 보호된다. 저작인접물 중 실연은 실연한 때로부터, 음반은 음반을 발행한 때로부터 그리고 방송은 방송한 때로부터 70년간 보호된다.

보호기간을 계산하는 방법은, 저작자의 사망을 기준으로 하는 저작물의 경우 저작자가 사망한 날짜의 익년(翌年) 1월 1일부터 계산하고, 공표 또는 발행을 기준으로 하는 저작물의 경우 공표 또는 발행한 날짜의 익년 1월 1일부터 계산한다. 예를 들어 어느 작품의 작가가 2000년 2월 8일에 사망하였더라도 해당 저작물의 보호기간은 2001년 1월 1일부터 계산을 시작하며, 이때부터 70년간인 2070년 12월 31일까지 보호된다. 이 경우 2000년 2월 9일부터 2000년 12월 31일까지는 보호받을 수 있는 것이냐고 의문을 제기할 수 있으나, 보호기간의 기산 시점은 보호기간을 쉽게 계산하려는 방법에 불과할 뿐, 모든 저작물은 창작이 완료되는 순간부터 보호된다.

SECTION II

저작인격권

1 저작인격권의 속성

저작인격권은 저작자 일신에 전속한다(「저작권법」 제14조). 다른 사람에게 양도하거나 상속할 수 없으며, 저작자가 사망하거나 해산하면 소멸한다.

(1) 저작인격권과 인격권의 차이

저작인격권은 저작물이 보호대상이 되는 것이며, 인격권은 인격 그 자체가 보호되는 것이므로 서로 다른 차이가 있다.

(2) 공동저작물의 저작인격권

공동저작물의 저작인격권은 저작자 전원의 합의에 의하지 아니하고는 이를 행사할 수 없다. 이 경우 각 저작자는 신의에 반하여 합의의 성립을 방해할 수 없다. 공동저작물의 저작자는 그들 중에서 저작인격권을 대표하여 행사할 수 있는 자를 정할 수 있다(「저작권법」 제15조).

(3) 저작인격권의 종류

저작인격권은 공표권, 성명표시권, 동일성유지권으로 구성된다.

2 공표권

저작자는 그의 저작물을 공표하거나 공표하지 아니할 것을 결정할 권리를 가진다(「저작권법」 제11조). 토익 문제나 토플 문제를 저작자의 허락 없이 유출한 경우는 공표권 침해가 된다.

Ex 도라산역 벽화 사건

갑이 국가의 의뢰로 도라산역사 내 벽면 및 기둥들에 벽화를 제작 · 설치하였는데, 국가가 작품 설치일로부터 약 3년 만에 벽화를 철거하여 소각한 사안에서, 갑은 특별한 역사적 · 시대적 의미가 있는 도라산역이라는 공공장소에 국가의 의뢰로 설치된 벽화가 상당 기간 전시되고 보존되리라고 기대하였고, 국가도 단기간에 이를 철거할 경우 갑이 예술창작자로서 갖는 명예감정 및 사회적 신용이나 명성 등이 침해될 것을 예상할 수 있었음에도, 국가가 벽화 설치 이전에 이미 알고 있었던 사유를 들어 적법한 절차를 거치지 아니한 채 철거를 결정하고 원형을 크게 손상하는 방법으로 철거 후 소각한 행위는 현저하게 합리성을 잃은 행위로서 객관적 정당성이 없어 위법하므로, 국가는 국가배상법 제2조 제1항에 따라 갑에게 위자료를 지급할 의무가 있다고 한 사례. [대법원 2015. 8. 27. 선고 2012다204587 판결(손해배상)]

대상판결에서 대법원이 「저작권법」상 동일성유지권의 침해를 근거로 한 손해배상청구권의 인정 여부와 별개로 저작자의 일반적 인격권 침해를 근거로 한 위자료 청구권의 경합을 인정한 점에서 의의가 있다. 저작자의 동일성유지권 침해가 인정되지 않는 경우라 하더라도 피고의 위법행위로 원고 저작자의 정신적 고통을 침해한 경우에는 「민법」상의 일반 불법행위에 해당하는 것으로 인정되어 저작자의 위자료 청구가 인정될 수 있다.[3]

3 성명표시권

저작자는 저작물의 원본이나 그 복제물에 또는 저작물의 공표 매체에 그의 실명 또는 이명을 표시할 권리를 가진다. 저작물을 이용하는 자는 그 저작자의 특별한 의사표시가 없는 때에는 저작자가 그의 실명 또는 이명을 표시한 바에 따라 이를 표시하여야 한다. 다만, 저작물의 성질이나 그 이용의 목적 및 형태 등에 비추어 부득이하다고 인정되는 경우에는 그러하지 아니하다(「저작권법」 제12조).

Ex 〈하늘색 꿈〉 사건

갑 주식회사가 운영하는 음악 사이트에서 을이 작곡한 음악 저작물에 관하여 MP3 파일 다운로드, 미리듣기 등의 서비스를 제공하면서 작곡자의 성명을 표시하지 않, 가사보기 서비스에서만 작곡자의 성명을 다른 사람으로 잘못 표시한 사안에서, 위 음악 사이트에서 MP3 파일 다운로드, 미리듣기 등의 서비스를 제공하면서 저작물에 관한 작곡자를 을로 표시하여 전체적으로 저작물의 작곡자가 을이라고 인식되는 등의 특별한 사정이 없는 한, 가사보기 서비스에서 을의 성명을 잘못 표시한 것이 을의 성명표시권을 침해한 것이다. [대법원 2012. 1. 12. 선고 2010다57497 판결(손해배상)]

---

3 차상육, "미술저작물의 저작인격권과 소유권의 충돌과 조화를 위한 해결방안: 도라산역 벽화 사건(대법원 2015. 8. 27. 선고 2012다204587 판결)을 중심으로", 경북대학교 법학연구원, 『법학논고』 55, 2016. 8, 247면.

4 동일성유지권

(1) 동일성유지권의 내용

저작자는 그의 저작물의 내용 · 형식 및 제호의 동일성을 유지할 권리를 가진다(「저작권법」 제13조). 저작물이 저작자가 창작한 그 본래의 모습이 유지될 수 있도록 다른 사람이 함부로 저작물을 변경하지 못하도록 하는 권리이다. 동일성유지권이란 저작자에게 귀속되는 것이고 저작물의 가치나 목적이 무엇이든지 간에 모든 저작물은 그 동일성이 유지되어야 하므로 저작자는 자신의 저작물에 대해 그 동일성을 유지할 절대적 권리를 가진다. 따라서 누군가가 저작물을 이용하면서 '내면적 형식'이나 '외면적 형식'을 변경함으로써 그 동일성을 상실하면 이 권리를 침해하게 된다.[4]

Ex 역사 교과서 수정 사건

갑 등과 출판계약을 체결하여 그들이 작성한 원고 등으로 교과서를 제작한 을 주식회사가 교육과학기술부 장관의 수정지시에 따라 교과서의 일부 내용을 수정하여 발행 · 배포한 사안에서, 출판계약의 성질과 내용, 갑 등 저작자들과 을 회사가 교과서 검정신청을 하면서 제출한 동의서의 내용과 제출 경위, 갑 등과 을 회사의 지위와 상호관계, 출판의 목적, 교과서의 성격 등 여러 사정에 비추어 갑 등은 출판계약 체결 및 동의서 제출 당시 을 회사에 교육과학기술부 장관의 수정지시를 이행하는 범위 내에서 교과서를 변경하는 데 동의한 것으로 봄이 타당하고, 행정처분에 해당하는 위 수정지시를 당연 무효라고 보아야 할 사유가 없으므로, 이를 이행하기 위하여 을 회사가 위 교과서를 수정하여 발행 · 배포한 것은 교과서에 대한 갑 등의 동일성유지권 침해에 해당하지 않는다고 한 사례. [대법원 2013. 4. 26. 선고 2010다79923 판결(저작인격권침해정지)]

---

4 박성호, "동일성유지권에 관한 규정의 재검토", 경북대학교 IT와 법 연구소, 『IT와 법 연구』 8, 2014. 2, 14면.

Ex 미리듣기 사건

그 저작물의 이용 관행에 비추어 일반 대중이나 당해 저작물의 수요자가 그 부분적 이용이 전체 저작물의 일부를 이용한 것임을 쉽게 알 수 있어 저작물 중 부분적으로 이용된 부분이 그 저작물의 전부인 것으로 오인되거나, 그 부분적 이용으로 그 저작물에 표현된 저작자의 사상 · 감정이 왜곡되거나 저작물의 내용이나 형식이 오인될 우려가 없는 경우에는, 그러한 부분적 이용은 그 저작물 전부를 이용하는 것과 이용하는 분량 면에서만 차이가 있을 뿐이어서 저작자의 동일성유지권을 침해한 것으로 볼 수 없다. [대법원 2015. 4. 9. 선고 2011다101148 판결(손해배상)]

(2) 동일성유지권의 예외

저작자는 다음 각 호의 어느 하나에 해당하는 변경에 대하여는 이의異議할 수 없다. 다만, 본질적인 내용의 변경은 그러하지 아니하다(「저작권법」 제13조 ②항).

1. 제25조의 규정에 따라 저작물을 이용하는 경우에 학교교육 목적을 위하여 부득이하다고 인정되는 범위 안에서의 표현의 변경
2. 건축물의 증축 · 개축 그 밖의 변형
3. 특정한 컴퓨터 외에는 이용할 수 없는 프로그램을 다른 컴퓨터에 이용할 수 있도록 하기 위하여 필요한 범위에서의 변경
4. 프로그램을 특정한 컴퓨터에 보다 효과적으로 이용할 수 있도록 하기 위하여 필요한 범위에서의 변경
5. 그 밖에 저작물의 성질이나 그 이용의 목적 및 형태 등에 비추어 부득이하다고 인정되는 범위 안에서의 변경

(3) 동일성유지권의 조화 필요성

디지털화된 사이버 세계에서 발생하는 저작인격권의 침해 양상은 이

전과 비교하여 많은 점에서 다르다. 속도가 근본적으로 다르고, 그 범위나 질 · 양 등에 있어서 이전의 침해와는 비교되지 않는다. 문화수요자와 문화공급자의 구별이 애매해지고, 누구나 문화의 공급자가 될 수 있는 환경에서 저작인격권을 이유로 저작권 산업이나 저작물의 유통 등에 방해가 된다는 주장도 있다. 앞으로의 창작환경과 관련지어 주의 깊게 현상을 분석하여 이에 맞는 저작자의 이익과 문화의 활용이라는 공익적 성격이 서로 조화를 이루도록 하는 법리를 연구할 필요가 있다.[5]

5 계승균, "저작인격권의 특질에 관한 소고", 전남대학교 법학연구소, 『법학논총』 28(1), 2008. 6, 508면.

SECTION III

저작재산권

1 저작인격권과 저작재산권

저작자는 저작인격권과 저작재산권을 보유한다. 저작인격권은 다른 사람에게 양도할 수 없지만, 저작재산권은 양도할 수 있다. 예를 들어 가수 싸이가 〈강남스타일〉 노래의 저작권을 가진 경우 저작인격권은 양도 불가능하지만, 저작재산권은 양도할 수 있다. 저작인격권은 저작자가 사망하면 소멸하지만, 저작재산권은 소멸하지 않고 상속이 된다.

2 저작재산권의 종류

저작재산권의 종류는 복제권, 공연권, 공중송신권, 전시권, 배포권, 대여권 및 2차적 저작물 작성권이다. 저작재산권은 이렇게 규정된 것들만 인정된다.

3 복제권

"복제"는 인쇄 · 사진촬영 · 복사 · 녹음 · 녹화 그 밖의 방법으로 일시적 또는 영구적으로 유형물에 고정하거나 다시 제작하는 것을 말하며, 건축물의 경우에는 그 건축을 위한 모형 또는 설계도서에 따라 이를 시공하는 것을 포함한다. 다른 사람의 책을 복사하는 행위, 사진을 인터넷 사이트에서 퍼오는 행위, 영화 파일을 내려받는 행위 등이다. 대법원은 기존에 '링크는 인터넷에서 링크하고자 하는 웹페이지 등의 위치 정보나 경로를 나타낸 것에 불과하므로, 링크 행위는 저작권 침해행위의 실행 자체를 용이하게 하는 방조행위로 볼 수 없다'는 입장을 취해 왔다(대법원 2015. 3. 12. 선고 2012도13748 판결). 대법원은 기존 대법원 판례를 변경하여 링크 행위에 대하여 저작권 침해 방조를 인정하는 전원합의체 판결을 선고하였다(대법원 2021. 9. 9. 선고 2017도19025 전원합의체 판결).

Ex 공중송신권 침해 방조 사건

공중송신권을 침해하는 게시물이나 그 게시물이 위치한 웹페이지 등에 연결되는 링크를 한 행위라도, 전송권(공중송신권) 침해행위의 구성요건인 '전송(공중송신)'에 해당하지 않기 때문에 전송권 침해가 성립하지 않는다. 이는 대법원의 확립된 판례이다. 저작권 침해물 링크 사이트에서 침해 게시물에 연결되는 링크를 제공하는 경우 등과 같이, 링크 행위자가 정범이 공중송신권을 침해한다는 사실을 충분히 인식하면서 그러한 침해 게시물 등에 연결되는 링크를 인터넷 사이트에 영리적 · 계속적으로 게시하는 등으로 공중의 구성원이 개별적으로 선택한 시간과 장소에서 침해 게시물에 쉽게 접근할 수 있도록 하는 정도의 링크 행위를 한 경우에는 침해 게시물을 공중의 이용에 제공하는 정범의 범죄를 용이하게 하므로 공중송신권 침해의 방조범이 성립한다. [대법원 2021. 9. 9. 선고 2017도19025 전원합의체 판결(저작권법위반방조)]

4 공연권

"공연"은 저작물 또는 실연 · 음반 · 방송을 상연 · 연주 · 가창 · 구연 · 낭독 · 상영 · 재생 그 밖의 방법으로 공중에게 공개하는 것을 말하며, 동일인의 점유에 속하는 연결된 장소 안에서 이루어지는 송신(전송을 제외한다)을 포함한다.

Ex 복제, 전송 중단 요구자의 주의의무 범위 — 손담비 〈미쳤어〉 어린이 동영상 사건

인터넷 포털 사이트에 블로그를 운영 중인 원고는 다섯 살 된 자신의 딸이 의자에 앉아 유명 가수의 노래의 후렴구를 부르면서 춤을 추는 모습을 촬영한 53초 분량의 동영상을 자신의 블로그에 게시하였다. 법원은 원고가 자신의 딸이 이 사건 저작물의 악곡과 가사 일부를 가창하는 것을 녹화하여 이 사건 동영상을 제작한 뒤 해당 노래의 가사 후렴구와 함께 게시한 것은 「저작권법」상 복제 및 전송에 해당하지만, 일반적으로 대중가요에서 행해지는 방식의 출처표시를 한 점 등에 비추어 「저작권법」 제28조의 인용에 해당하는 것으로 판단하였다. [서울고등법원 2010. 10. 13. 판결 2010나35260(손해배상(기))]

위 저작권 침해사건에서 서울고등법원은 저작권 침해가 아니라는 판결을 내렸다(이하 〈미쳤어〉 동영상 판결). 이 사건에서는 다섯 살 어린이가 가수 손담비의 가요인 〈미쳤어〉를 율동과 함께 부르는 동영상을 부모가 블로그에 게재한 것이 복제권과 전송권의 침해인지의 여부가 쟁점이었다. 법원은 위 동영상이 함께 게재된 몇 줄의 소감에 인용된 것이므로 저작재산권의 효력 제한 사유에 해당하여 저작권의 침해가 아니라는 결론을 내렸다.[6]

---

6 박준우, "퍼블릭도메인의 확보를 위한 복제권의 해석: 서울고법 2010. 10. 13. 선고 2010나35260 판결과 관련하여", 경북대학교 IT와 법 연구소, 『IT와 법 연구』 5, 2011. 2, 87면.

5 공중송신권

"공중"은 불특정 여러 사람(특정 여러 사람을 포함한다)을 말한다. "방송"은 공중송신 중 공중이 동시에 수신하게 할 목적으로 음·영상 또는 음과 영상 등을 송신하는 것을 말한다. "전송(傳送)"은 공중송신 중 공중의 구성원이 개별적으로 선택한 시간과 장소에서 접근할 수 있도록 저작물 등을 이용에 제공하는 것을 말하며, 그에 따라 이루어지는 송신을 포함한다. "디지털음성 송신"은 공중송신 중 공중으로 하여금 동시에 수신하게 할 목적으로 공중 구성원의 요청으로 개시되는 디지털 방식 음의 송신을 말하며, 전송을 제외한다. "공중송신"은 저작물, 실연·음반·방송 또는 데이터베이스(이하 "저작물 등"이라 한다)를 공중이 수신하거나 접근하게 할 목적으로 무선 또는 유선 통신의 방법에 의하여 송신하거나 이용에 제공하는 것을 말한다. 공중송신은 방송, 전송, 디지털음성 송신을 모두 포함한다. 인터넷을 이용하여 파일을 보내는 것도 공중송신권 침해가 될 수 있다.

Ex 〈건축학 개론〉 사건

400만 관객을 돌파한 영화 〈건축학 개론〉 영상 파일을 불법 유출해 무단 배포한 사람들이 무더기로 재판에 넘겨졌다. 2012년 「저작권법」 위반 혐의로 한 문화복지사업체 시스템 솔루션팀 과장 윤모(36) 씨 등 12명을 불구속 기소했다. 군부대에서 상영하기 위해 ㈜롯데엔터테인먼트로부터 영화 〈건축학 개론〉을 받아 회사 시스템 서버에 보관하다 영화 개봉 한 달여 뒤 파일을 동영상 파일로 변환해 평소 알고 지내던 김모 씨에게 이메일로 전달한 혐의를 받고 있다.

6 전시권

저작자는 미술 저작물 등의 원본이나 그 복제물을 전시할 권리를 가진다.

Ex 도서 표지 사건

피고인이 갑과 공동 번역 · 출판한 『칼빈주의 예정론』 번역본을 갑의 허락 없이 단독 번역으로 표시하여 한국상담선교연구원 인터넷 홈페이지에 링크된 도서출판 베다니 사이트에 전시하여 갑의 저작재산권을 침해함과 동시에 저작자 아닌 자를 저작자로 표시하여 저작물을 공표하였다는 「저작권법」 위반의 공소사실에 대하여, 위 번역본은 '어문 저작물'에 해당하는 것이어서 전시의 방법으로는 그 저작재산권이 침해되지 아니하며, 또한 위 번역본 자체가 아니라 그 도서의 표지 사진을 저자 · 역자 · 출판연도 · 면수 · 가격 등의 표시 및 간략한 소개문과 함께 게시하였을 뿐이어서 저작자 아닌 자를 저작자로 표시하여 저작물을 공표한 행위에 해당한다고도 할 수 없음에도, 이와 달리 판단하여 위 공소사실을 모두 유죄로 인정한 원심판결에 법리오해의 위법이 있다고 한 사례. [대법원 2010. 9. 9. 선고 2010도4468 판결(저작권법위반)]

7 배포권

"배포"는 저작물 등의 원본 또는 그 복제물을 공중에게 대가를 받거나, 받지 아니하고 양도 또는 대여하는 것을 말한다. 저작자는 저작물의 원본이나 그 복제물을 배포할 권리를 가진다. 다만, 저작권 소진의 원칙이 있어서 저작물의 원본이나 그 복제물이 해당 저작재산권자의 허락을 받아 판매 등의 방법으로 거래에 제공된 경우에는 그러하지 아니하다. 즉 정당한 대가를 지급하고 산 책은 중고로 다른 사람에게 되팔 수 있다.

8 대여권

저작자는 판매용 음반이나 판매용 프로그램을 영리를 목적으로 대여할 권리를 가진다. 음반이나 프로그램의 상업적 대여는 저작권자의 수입을 감소시킬 수 있으므로 저작권자가 음반 등을 상업적으로 대여할 수 있도록 허락하거나 금지할 수 있는 권리이다.

9 2차적 저작물 작성권

저작자는 그의 저작물을 원저작물로 하는 2차적 저작물을 작성하여 이용할 권리를 가진다. 원저작물을 번역 · 편곡 · 변형 · 각색 · 영상제작 그 밖의 방법으로 작성한 창작물(이하 "2차적 저작물"이라 한다)은 독자적인 저작물로서 보호된다.

Ex 영문 번역 사건

피고인 갑 주식회사의 대표이사인 피고인 을이, 영문 저작물인 원저작물의 내용을 요약한 영문요약물을 병 외국 법인에서 받아 한국어로 번역한 요약물을 인터넷을 통해 유료로 제공하는 방법으로 원저작물 저작권자의 2차적 저작물 작성권을 침해하였다고 하여 「저작권법」 위반으로 기소된 사안에서, 피고인들에게 유죄를 선고한 원심판단을 정당하다고 한 사례. [대법원 2013. 8. 22. 선고 2011도3599 판결(저작권법위반)]

이처럼 영어로 된 미국 드라마의 극본을 저작자의 허락 없이 한국어로 번역하여 배포하는 경우에는 원저작자의 2차적 저작물 작성권을 침해하여 저작권 침해가 될 수 있다. 다만, 단순한 번역에 그치지 않고 새로운 창작물이 된다면 저작권 침해가 되기 어려울 가능성도 있기는 하다.

Ex 복제권 침해 사건

다른 사람의 저작물을 허락 없이 복제하게 되면 복제권의 침해가 되는 것이고 이 경우 저작물을 원형 그대로 복제하지 아니하고 다소의 수정 · 증감이나 변경이 가하여진 것이라고 하더라도 새로운 창작성을 더하지 아니한 정도이면 복제로 보아야 할 것이며, 한편 「저작권법」 제5조 제1항 소정의 2차적 저작물로 보호받기 위하여는 원저작물을 기초로 하되 원저작물과 실질적 유사성을 유지하고 이것에 사회 통념상 새로운 저작물이 될 수 있을 정도의 수정 · 증감을 가하여 새로운 창작성을 부가하여야 하므로, 어떤 저작물이 기존의 저작물을 다소 이용하였더라도 기존의 저작물과 실질적인 유사성이 없는 별개의 독립적인 신저작물이 되었다면, 이는 창작으로서 기존의 저작물의 저작권을 침해한 것이 되지 아니한다. [대법원 2014. 6. 12. 선고 2014다14375 판결(손해배상(지))]

SECTION Ⅳ

저작재산권의 양도와 저작물 이용

1 저작재산권의 양도와 이용허락

(1) 저작재산권의 양도

저작권은 그 전부를 양도할 수 있고, 일부를 분리하여 양도할 수 있다. 예를 들어 악보집으로 출판할 권리만을 양도할 수 있고, 음반으로 낼 권리 등으로 분리할 수 있다. 다만, 2차적 저작물 작성권은 특별계약이 없는 한 원저작자에게 남아 있다고 하여 원저작자를 보호하려고 하고 있다. 장래에 발생할 저작재산권도 양도할 수 있다.

(2) 저작재산권의 이용허락

저작재산권자는 다른 사람에게 그 저작물의 이용을 허락할 수 있다. 허락을 받은 자는 허락받은 이용 방법 및 조건의 범위 안에서 그 저작물을 이용할 수 있다. 허락으로 저작물을 이용할 수 있는 권리는 저작재산권자의 동의 없이 제3자에게 이를 양도할 수 없다.

(3) 이용허락의 종류

단순 이용허락이란 저작재산권자가 복수의 사람들에 대하여 중첩적으로 이용을 허락해 줄 수 있는 경우로서, 이에 의하여 이용허락을 받은 자는 그 저작물을 이용할 수는 있으나, 이를 독점적 · 배타적으로 이용할 수 있는 권한은 없다.

독점적 이용허락은 저작재산권자와 이용자 사이에 일정한 범위에서 저작물을 독점적으로 이용하도록 계약을 체결한 경우이다. '이용 방법 및 조건'이란 예컨대 저작물의 출판 부수, 계약기간, 방송시간, 공연장소 등과 같이 저작재산권자와 이용자가 저작물 이용 형태에 대하여 세부적으로 정하는 사항을 말한다.

(4) 저작재산권의 양도와 이용허락의 구별

저작권 계약이 저작재산권 양도 계약인지 또는 저작권 이용허락 계약인지를 구별하는 것은 권리관계 당사자들의 권리를 분명히 하고 정당한 권리자의 권리를 보호하며 공정한 저작권 계약 환경을 조성하기 위해 필요하다. 저작권 계약 당시에는 고려되지 못한 상황이 다음에 발생하거나 추후의 불가피한 상황을 고려하여, 저작권 계약을 체결한 이후에 저작권자가 계약의 변경을 요구할 수 있는 규정을 도입하여 계약의 성격을 명확히 하고 보완할 가능성을 열어두는 것이 필요할 것으로 보인다.[7]

---

7 노현숙 · 구천을, "저작재산권 양도와 저작물 이용허락의 비교 고찰", 강원대학교 비교법학연구소, 『강원법학』 48, 2016. 6, 268면.

Ex **저작재산권의 이용허락 사례**

작사자, 작곡자 및 실연자와 음반제작사 사이의 음반제작 계약을 비배타적 저작권 이용허락 계약으로 해석하고, 음반제작 계약 시에는 상용화되지 않은 새로운 매체인 시디(CD) 음반으로 제작 · 판매한 것이 이용허락 범위 내에 포함된다고 본 사례. [대법원 1996. 7. 30. 선고 95다29130 판결(손해배상(기))]

Ex **저작물 이용허락 계약의 해석**

저작권 침해 사건에서 저작권자로부터 당해 저작물의 이용에 관한 허락을 받았다는 등 적법한 저작물 이용권원을 취득하였다는 점은 이를 주장하는 자가 입증해야 한다. 한편 음반제작자와 저작재산권자 사이에 체결된 이용허락 계약을 해석함에 있어서 그 이용허락의 범위가 명백하지 아니한 경우에는 당사자가 그 이용허락 계약을 체결하게 된 동기와 경위, 그 이용허락 계약으로 달성하려는 목적, 거래 관행, 당사자의 지식, 경험 및 경제적 지위, 수수된 급부가 균형을 유지하고 있는지, 이용허락 당시 당해 음악 저작물 이용 방법이 예견 가능하였는지 및 그러한 이용 방법을 알았더라면 당사자가 다른 내용의 약정을 하였을 것이라고 예상되는지 여부, 당해 음악 저작물 이용 방법이 기존 시장을 대체하는 것인지 아니면 새로운 시장을 창출하는 것인지 아닌지 등 여러 사정을 종합하여 그 이용허락의 범위를 사회 일반의 상식과 거래의 통념에 따라 합리적으로 해석하여야 한다. [대법원 2008. 4. 24. 선고 2006다55593 판결(손해배상(지))]

2 저작권의 기증

저작재산권자 등은 자신의 권리를 문화체육관광부 장관에게 기증할 수 있다. 문화체육관광부 장관은 저작재산권자 등으로부터 기증된 저작물 등의 권리를 공정하게 관리할 수 있는 단체를 지정할 수 있다.

저작권 기증이란 자신이 창작한 저작물을 다른 이들이 저작권료 없이 이용할 수 있도록 국가에 저작권을 기증하는 것으로, 기증된 저작물은 누구나 자유롭게 이용할 수 있다. 「저작권법」은 문화체육관광부 장관이 저작권을 기증받아 이를 공정하게 관리할 수 있는 단체를 지정할 수 있도록 정하고 있다.

Ex 애국가 저작권 기증

애국가의 작곡가인 안익태 씨는 1965년 작고하였고, 그 저작권은 유족들에게 상속되어 관리되고 있다. 2005년 안익태 씨의 유족들은 애국가의 저작권을 국가에 기증하였다.

3 저작재산권의 소멸

저작재산권이 다음 각 호의 어느 하나에 해당하는 경우에는 소멸한다(「저작권법」 제49조).

1. 저작재산권자가 상속인 없이 사망한 경우에 그 권리가 「민법」 그 밖의 법률의 규정에 따라 국가에 귀속되는 경우
2. 저작재산권자인 법인 또는 단체가 해산되어 그 권리가 「민법」 그 밖의 법률의 규정에 따라 국가에 귀속되는 경우

SECTION V

저작재산권의 제한

1 저작재산권의 제한 이유와 자유이용

가수 싸이의 〈강남스타일〉의 뮤직비디오를 인터넷에서 수많은 사람이 이를 패러디하여 유튜브 영상을 제작하였다. 이 경우 패러디를 하는 것은「저작권법」상 허용되는지와 음악을 그대로 이용한 경우에도 허용되는지를 검토한다.「저작권법」은 저작자만을 위한 법이 아니고 저작자를 보호함으로써 저작자에게 인센티브를 주고 사회는 저작물을 공정하게 널리 이용하여 문화가 발전하는 상생의 원리를 가지고 있다.「저작권법」은 제1조의 목적에서 이 법은 저작자의 권리와 이에 인접하는 권리를 보호하고 저작물의 공정한 이용을 도모함으로써 문화 및 관련 산업의 향상발전에 이바지함을 목적으로 한다고 정의한다.

모든 상황에서 저작자를 찾아 그의 허락을 받아야 하고 만약 허락을 받지 못하면 저작물의 원활한 이용을 저해한다. 원칙적으로 저작자의 권익을 보호하되 공공성과 사회성을 위하여 이용자들의 자유이용을 보장하는 규정을 둘 필요성이 있다. 우리「저작권법」은 법률조항에서 개별적인 사항에 관한 내용을 규정하면서 동시에 저작물의 공정한 이용 규정을 마련하고 있다.「저작권법」은 저작자의 권리를 보호하면서도 공익 목적을 위하여 저작자의 재산적 권리를 제한하고 있는데, 이를 저작재산권의 제한이라고 한다. 이러한 제한 범위 내에서 저작물을 이용하는 것은 저작권 침해가 되지 않는다.

2 재판 절차 등에서의 복제

재판 절차를 위하여 필요한 경우이거나 입법 · 행정의 목적을 위한 내부자료로서 필요한 경우에는 그 한도 안에서 저작물을 복제할 수 있다. 다만, 그 저작물의 종류와 복제의 부수 및 형태 등에 비추어 당해 저작재산권자의 이익을 부당하게 침해하는 경우에는 그러하지 아니하다. 공정한 재판이 가능하도록 판사 · 검사뿐만 아니라 피고, 변호인 등 재판 절차에 관여하는 사람 모두 해당한다. 국회나 지방자치단체 행정부에서 소관 사무를 위하여 필요한 경우에 저작물을 복제하여 이용할 수 있다.

3 정치적 연설 등의 이용

공개적으로 행한 정치적 연설 및 법정 · 국회 또는 지방의회에서 공개적으로 행한 진술은 어떠한 방법으로도 이용할 수 있다. 다만, 동일한 저작자의 연설이나 진술을 편집하여 이용하는 경우에는 그러하지 아니하다. 정치적인 의견 개진과 자유로운 토론을 보장하는 것은 국민의 알 권리와도 밀접하게 관련되어 있으므로 이러한 요건을 충족하는 경우에는 어떠한 방법으로도 이용할 수 있다. 방송, 녹음, 녹화, 인쇄출판 등의 방법으로 이용하는 것이 모두 허용된다. 다만, 단서에서 "동일한 저작자의 연설이나 진술을 편집하여 이용하는 경우에는 그러하지 아니하다"고 규정하고 있으므로 특정한 인물의 연설들만을 모아 '○○ 연설집'으로 출판하는 등의 행위는 허용되지 않을 것이다. 예를 들어 오바마 연설집으로 출판하는 행위는 「저작권법」상 허용되지 않는다.

4 공공저작물의 자유이용

국가 또는 지방자치단체가 업무상 작성하여 공표한 저작물이나 계약에 따라 저작재산권 전부를 보유한 저작물은 허락 없이 이용할 수 있다. 다만, 저작물이 다음 각 호의 어느 하나에 해당하는 경우에는 그러하지 아니하다(「저작권법」 제24조의2 ①항).

1. 국가안전보장에 관련되는 정보를 포함하는 경우
2. 개인의 사생활 또는 사업상 비밀에 해당하는 경우
3. 다른 법률에 따라 공개가 제한되는 정보를 포함하는 경우
4. 제112조에 따른 한국저작권위원회에 등록된 저작물로서 「국유재산법」에 따른 국유재산 또는 「공유재산 및 물품 관리법」에 따른 공유재산으로 관리되는 경우

「저작권법」은 법률이나 고시 판결과 같은 저작물은 처음부터 저작물 보호를 하지 않고, 국가 또는 지방자치단체가 작성한 저작물의 이용을 활성화하려는 조치를 마련하고 있다. 공공누리 제도를 마련하고 있다. 공공누리(Korea Open Government License)는 문화체육관광부가 공공저작물의 이용을 활성화하고자 개발한 한국형 공공저작물 자유이용 허락 라이선스이다.

5 학교교육 목적 이용

고등학교 및 이에 준하는 학교 이하의 학교의 교육 목적상 필요한 교과용 도서에는 공표된 저작물을 게재할 수 있다. 특별법에 따라 설립되었거나 「유아교육법」, 「초 · 중등교육법」 또는 「고등교육법」에 따른 학교, 국가나 지방자치단체가 운영하는 교육기관 및 이들 교육기관의 수업을 지원하기 위하여 국가나 지방자치단체에 소속된 교육지원기관은 그 수업 또는 지원 목적상 필요하다고 인정되는 경우에는 공표된 저작물의 일부분을 복제 · 배포 · 공연 · 전시 또는 공중송신할 수 있다. 다만, 저작물의 성질이나 그 이용의 목적 및 형태 등에 비추어 저작물 전부를 이용하는 것이 부득이한 경우에는 전부를 이용할 수 있다.

대학교 이상의 기관은 해당되지 않으며, 교육기관에서의 수업 목적 복제, 공연, 방송 및 전송을 할 수 있다. 다만, 저작권자의 정당한 이익이 부당하게 저해되지 않도록 저작물의 교육 목적 사용에 대하여 일정한 보상금을 내도록 하고 있다.

Ex **국어 교과서 사건**

문교부가 국어 교과서에 실은 산문의 지은이를 가공의 이름으로 표시한 이유가 교육정책상의 목적에 있었다 하더라도 이러한 사정만으로는 저작자에게 전속되는 창작자임을 주장할 수 있는 귀속권을 침해하는 정당한 사유가 되지 아니한다. [대법원 1989. 10. 24. 선고 88다카29269 판결(손해배상(기))]

「저작권법」 제25조는 저작물에 대한 학교교육 목적 등에의 이용과 관련하여, 저작물을 이용하고자 하는 경우, 문화체육관광부 장관이 정하여 고시하는 기준에 의한 보상금을 지급하도록 하고 있다. 보상금 권리자를 찾을 수 없는 경우에는, 문화체육관광부 장관이 지정하는 단체가 보상금을 받도록 하고, 보상금 분배 공고를 한 날부터 3년이 경과한 미분배 보상금에 대하여 문화체육관광부 장관의 승인을 얻어 공익 목적을 위하여 사용할 수 있으며, 「저작권법 시행령」에서는, "공익 목적"에 해당되는 사항을 보다 구체적으로 열거하고 있다.

6 시사보도를 위한 이용

방송 · 신문 그 밖의 방법에 따라 시사보도를 하는 경우에 그 과정에서 보이거나 들리는 저작물은 보도를 위한 정당한 범위 안에서 복제 · 배포 · 공연 또는 공중송신할 수 있다. 시사보도를 위하여 불가피하게 저작물이 보이거나 들리는 경우에 저작권자의 허락 없이도 사실을 전달할 수 있도록 한다.

Ex **건설업체 광고 중에 나오게 된 호텔의 저작물에 대해서는 저작권 침해 인정**

모 건설사가 호텔 라운지에 전시된 자신의 작품을 배경으로 아파트 광고를 만들어 내보내자 소송을 제기하였다. 재판부는 「저작권법」에서는 개방된 옥외장소에 항상 전시된 미술품은 복제해도 된다고 하고 있지만, 호텔 안 미술품은 누구나 보기 쉬운 옥외장소의 전시물이 아니므로 자유롭게 복제할 수 없고, 건설사와 광고회사가 박 씨의 작품을 단순히 벽면 장식이라고 단정하고 허락 없이 동영상 광고를 제작해 방송한 잘못을 인정하였다.[8]

Ex **소니-컬럼비아 영화사가 제작한 〈스파이더맨〉 영화의 삼성 광고 삭제 사건**

뉴욕 타임스퀘어 광장에 설치된 삼성 및 NBC의 옥외광고판을 영화사 컬럼비아 픽처스가 영화 〈스파이더맨〉에서 USA투데이 및 싱귤러 와이어리스 광고로 무단으로 바꿨다는 이 지역 건물주들의 소송이 결국 패소했다. 소니와 〈스파이더맨〉 제작 관계사들을 상대로 '디지털 기술 이용 옥외광고 무단변형 소송'을 제기하였다. 이들은 소장에서 "온라인에서나 오프라인에서 타임스퀘어 광장의 형상에 대해 배타적인 권리를 갖고 있다"며 "이 권리가 침해된다면 타임스퀘어 광장의 가치도 떨어질 것"이라고 주장하였다. 재판부는 오프라인 광고를 온라인에서 디지털 기술을 이용해 변형할 수 있다고 판결했다.[9]

7 시사적인 기사 및 논설의 복제 등

정치 · 경제 · 사회 · 문화 · 종교에 관하여 「신문 등의 진흥에 관한 법률」 제2조의 규정에 따른 신문 및 인터넷신문 또는 「뉴스통신진흥에

8 서울중앙지법 2007. 5. 7. 선고 2006가합104292 판결. 원고의 작품에는 비록 그 저작자나 작품 제목이 표시되어 있지 않았지만, 그 표현기법, 예술성, 조형미 등에 의하여 외관상 일반 인테리어 장식이 아닌 미술 저작물임을 쉽게 알 수 있었으며, 광고주와 광고대행사인 피고들은 동영상 광고를 제작함에 있어서는 광고내용이 다른 사람의 저작권을 침해하는 일이 없도록 해야 할 주의의무가 있음에도, 이를 그대로 동영상 광고의 배경으로 사용함으로써 원고의 저작권을 침해하는지를 고려하지 않고 막연히 원고의 미술 저작물을 단순히 벽면에 설치된 인테리어 광고라고 단정하고 이를 배경으로 하여 동영상 광고를 제작하여 방송이나 전송하였으므로 피고들에게는 위와 같은 주의의무를 다하지 않은 과실이 있다고 판시하였다.

9 Sherwood 48 Associates v. Sony Corp. of America, 213 F. Supp. 2d 376 (S.D.N.Y. 2002).

관한 법률」 제2조의 규정에 따른 뉴스통신에 게재된 시사적인 기사나 논설은 다른 언론기관이 복제 · 배포 또는 방송할 수 있다. 다만, 이용을 금지하는 표시가 있는 경우에는 그러하지 아니하다. 다만, 자기가 인터뷰한 기사라도 저작권이 신문사에 있는 경우 이를 무단으로 사용하면 안 된다.

Ex **'모기와의 전쟁' 사건**

이 사건에서 원고 MBC는 '모기와의 전쟁'이라는 제목의 뉴스 동영상을 제작하여 방송하였고, 피고는 해충 퇴치기 판매업 등을 목적으로 설립된 회사로서 그 홍보를 위하여 '모기 퇴치 코리아'라는 인터넷 홈페이지를 개설하여 운영하면서 위 동영상을 홈페이지에 게시하였다. 법원은 이에 대하여 위 뉴스 동영상은 단순한 사실의 전달에 불과한 시사 보도에 불과한 것이 아니라, 고유한 표현으로 재구성하고 전문적인 기술로써 연속적인 영상으로 촬영하고 편집한 영상 저작물에 해당한다고 보았고, 따라서 피고의 이러한 행위는 영상 저작물 저작권 침해에 해당한다고 판시하였다. [서울고등법원 2012. 6. 13. 선고 2011나52200 판결]

8 공표된 저작물의 인용

인용이란 비평 · 설명 · 예증 등을 위하여 다른 사람의 공표된 저작물 전체나 일부를 이용하는 것을 말하며, 이러한 인용은 저작권 침해가 되지 않는다(법 제28조). 다만, 인용은 정당한 범위 안에서 공정한 관행에 합치되게 이루어져야 한다.

'정당한 범위'란 "인용되는 저작물이 보족, 부연, 예증, 참고자료 등으로 이용되어 인용하는 저작물에 대하여 부종적(附從的) 관계를 유지해야 한다는 것을 말한다. 즉, 인용하는 저작물이 주(主)이고, 인용되는 저작물이 종(從)인 관계를 유지하고 인용되는 저작물이 지나치게 많이 이용되어 인용되는 저작물의 시장 수요를 대체할 정도가 되어서는 안 된다"[10]는 뜻이다.

"공정한 관행에 합치되어야 한다"는 것은 "타인의 저작물을 인용할 때 반드시 출처를 명시해야 한다는 것"을 말한다. 즉, 인용되는 저작물의 부분이 인용하는 창작적인 부분과 구분되어야 한다는 뜻이다. 예컨대 학술서를 집필하면서 글을 보충적으로 설명하거나 예증하기 위하여 다른 사람의 저작물을 이용하면서 저작자의 성명, 저작물의 제목, 공표 또는 발행연도 등의 출처를 표시하는 것은 적법한 인용에 해당한다.

우리 「저작권법」 제28조는 보도 · 비평 · 교육 · 연구 등을 위해서는 공표된 저작물을 정당한 범위 안에서 공정한 관행에 합치되게 인용할 수 있도록 규정한다. 인용 규정의 대표적인 예는 논문 등을 저술하면서 타인의 저작물 일부를 이용하고 각주로 그 출처를 밝히는 경우이다.

Ex 썸네일 이미지의 저작권 침해 부인

인터넷 검색 사이트에서 원저작자의 허락을 받지 아니하고 그의 사진 작품을 이미지 검색의 이미지로 사용한 경우, 「저작권법」상 정당한 범위 안에서 공정한 관행에 합치되게 사용한 것이라고 본 원심의 판단을 수긍한 사례. [대법원 2006. 2. 9. 선고 2005도7793 판결(저작권법 위반)]

우리 판례는 대체로 문제가 된 사건마다 종합적으로 검토하여 저작권 위반 여부를 판단하고 있다. 따라서 인용에 관한 절대적 기준이 없으며 상반되는 이익을 비교 형량하여 판단한다. 〈러브레터〉 사건에서의 110여 분 중 30초의 분량, 『무궁화 꽃이 피었습니다』 사건에서의 854면

10 대법원 1990. 10. 23. 선고 90다카8845 판결.

중 약 10면 정도의 인용은 적법한 인용으로 판단한 바 있다. 그러나 누드사진 게재 사건에서의 3분의 1 정도, 소설마당 사건에서의 7권 중 6권, 이랜드 사람 사건에서의 3분의 1 정도는 적법한 인용이 아니라고 판단하였다. 양적 기준이 절대적인 것이 아니며 질적 판단이 중요하다. 『김우중, 신화는 있다』 사건의 302면 중 33면을 인용한 것이 적법한 인용이라 하였고, SBS 방송 사건에서의 3분, 『한국어 능력 시험용 문제집』 사건에서의 1,169쪽 중 66쪽을 저작권 침해로 판단하였다.

9 비영리 목적을 위한 공표된 저작물의 공연 및 방송

(1) 비영리 목적을 위한 공표된 저작물의 공연 및 방송

공표된 저작물은 영리를 목적으로 하지 아니하고 청중이나 관중 또는 제3자로부터 어떤 명목으로든지 반대급부를 받지 아니하는 한 저작권자의 허락 없이 공연하거나 방송할 수 있다(법 제29조 제1항). 다만, 가수나 연주자 등 실연자에게 보수를 지급하지 않는 경우에 한한다. 따라서 비영리 목적을 위한 교육 활동의 목적으로 연극을 하거나 노래를 부르는 것 등이 가능하다.

원칙적으로 공연함에 있어서는 저작권자의 허락이 필요하다. 우리 「저작권법」은 영리를 목적으로 하지 않는 공연 및 방송에 대해서는 저작재산권을 제한한다. 규정의 적용을 받기 위해서는 공연이 영리를 목적으로 하지 말아야 하며, 청중이나 관중 또는 제3자로부터 어떤 명목으로든지 반대급부를 받지 말아야 하고, 실연자에게 통상의 보수를 지급해서도 안 된다. 단순히 영리를 목적으로 하지 않는 것만으로는 부족하고 청중이나 관중 또는 제3자로부터 어떤 명목으로든지 반대급부를 받지 않을 것이 요구된다. 공연의 경우 직접적인 입장료, 기업으로부터 후원을 받거나 상품 홍보 등의 목적이 있다면 저작권자의 허락이 필요하다. 목적이 불우이웃돕기에 있다 하더라도 청중에게 돈을 받는다면 반대급부에 해당될 수 있다.

(2) 판매용 음반 및 판매용 영상 저작물의 공연

우리 「저작권법」은 청중이나 관중으로부터 당해 공연에 대한 반대급부를 받지 아니하는 경우에는 상업용 음반 또는 상업적 목적으로 공표된 영상 저작물을 재생하여 공중에게 공연할 수 있다. 다만, 대통령령이 정하는 경우에는 그러하지 아니하다.

저작재산권자의 경제적 이익을 심각하게 훼손할 우려가 있는 경우, 아래와 같은 단서조항을 두어 저작재산권자의 권리를 침해하지 않도록 규정하고 있다. 청중이나 관중에게 반대급부를 받지 않더라도 경마장·경륜장·경정장·골프장·스키장·에어로빅장·무도장·여객용 항공기·여객용 선박·여객용 열차·호텔·휴양콘도미니엄·카지노·유원시설·할인점·전문점·백화점·쇼핑센터 등에서 판매용 음반이나 판매용 영상 저작물을 공연하는 것은 안 된다. 다만, 국가·지방자치단체(그 소속기관을 포함한다)의 청사 및 그 부속시설, 공연장, 박물관·미술관, 도서관, 지방문화원, 사회복지관, 여성 관련 시설, 청소년수련관, 시·군·구민회관 등에서 발행된 지 6개월이 넘은 판매용 영상 저작물을 상영하는 것은 가능하다.

10 사적 이용을 위한 복제

(1) 사적 이용 복제

영리를 목적으로 하지 않고 개인적으로 이용하거나, 또는 가정 및 그에 따르는 한정된 범위 안에서 이용하기 위하여 저작물 등을 복제하는 것은 저작권 침해가 되지 않는다(법 제30조). 다만, 공중의 사용에 제공하기 위하여 설치된 복사기기, 스캐너, 사진기 등 문화체육관광부령으로 정하는 복제기기에 의한 복제는 그러하지 아니하다. 일반적으로 저작물의 사적 복제란 개인이나 한정된 범위에 있는 사람이 개인적으로 저작물을 감상하거나 조사·연구하기 위하여 한정된 수량의 복제물을 만드는 것으로 이해할 수 있다. 사적 복제는 기본적으로 저작물의 개인적 이용(이하 사적 이용)을 전제로 하는데, 사적 이용은 개인이 저작물을 비상업적인 용도로 자신을 위해 개별적으로 이용하는 것을 의미한다. 가장 쉽고도 평범한 예는 개인이 소설을 읽다가 인상적인 한 구절을 노트에 옮겨 적는 것이다. 그런 점에서 여러 국가에서 사적 이용을 자유이용(Free Use)의 하나로 보면서 용인하고 있다.[11]

인터넷 서핑을 하다가 저작물을 내려받는 것은 사적 이용을 위한 복제에 해당한다. 그러나 소리바다와 같은 P2P나 토렌트와 같은 사이트에서(내려받는) 폴더를 공유한 채 저작물 등을 내려받거나 업로드하기 위하여 내려받는 것은 사적 이용을 위한 복제에 해당하지 않는다. 사적 이용을 위하여 내려받은 저작물 등을 공개된 개인 홈페이지나 블로그 등에 올리는 것도 안 된다. 전송행위에 해당하기 때문이다.

---

11 조연하, "저작물의 사적복제에 관한 사법적 판단기준: 사적 이용을 중심으로", 한국방송학회, 『한국방송학보』 28(4), 2014. 7, 241면.

또 공중의 이용에 제공된 복사기기를 통해 복제하는 것은 사적 이용을 위한 복제에 해당하지 않는다. 예컨대, 대학 주변의 복삿집에서 책을 복사하는 것은 사적 이용을 위한 복제에 해당하지 않는다. 또 직장의 복사기도 공중의 이용에 제공된 복사기기에 해당하기 때문에 직장 내 복사기로 저작물을 복사하는 것은 원칙적으로 사적 이용을 위한 복제에 해당하지 않는다. 직장 내 복사기가 비록 외부 사람들의 이용에 제공되지는 않더라도 직장 내 근로자는 법적으로 '특정 다수인'의 공중에 해당하기 때문이다.

(2) 허용 이유

사적 복제를 허용하는 이유는 가정과 같이 한정된 범위에서 이루어지는 이용행위는 저작권자의 정당한 이익을 부당하게 해할 염려가 적고, 이에 대해 일일이 저작권자가 규제하는 것도 불가능할 뿐만 아니라, 사생활의 자유를 침해할 우려가 있기 때문이다. 다만, 공중의 사용에 제공하기 위해 설치된 복사기기에 의한 복제는 사적 복제에 해당될 수 없다. 사적 복제가 허용되는 가정 및 이에 따르는 한정된 범위란 복제행위가 상호 간에 강한 인적 결합관계가 있는 소수의 인원 사이에서 이루어져야 한다. 스마트폰을 이용하여 저작물을 불특정 다수에게 공중송신한다면 사적 복제가 될 수 없다.

Ex 사적 이용을 위한 복제에 해당하지 않는 사건

알약이나 V3 같은 백신 프로그램을 개인 이용 허락받은 것을 회사에서 사용하면 저작권 침해가 된다. 기업 내부에서 업무상 이용하기 위하여 저작물을 복제하는 행위는 이를 '개인적으로 이용'하는 것이라거나 '가정 및 이에 따르는 한정된 범위 안에서 이용'하는 것이라고 볼 수 없으므로, 위 조항이 규정하는 '사적 이용을 위한 복제'에 해당하지 않는다. [대법원 2013. 2. 15. 선고 2011도5835 판결(저작권법위반)]

(3) 사적 이용을 위한 복제 허용범위

사적 복제가 허용되는 범위는 필요한 한도 내에서 허용되며 필요 부수보다 많은 복제의 경우는 사적 복제로 허용되지 않는다.

Ex 사적 이용을 위한 복제에 해당하는 사건

피고인은 인쇄된 책자 50부를 제1교회의 교사협의회에, 20부를 민중교육연구소의 목사 등에게 배부하고 30부는 수사기관에 압수된 사실을 인정할 수 있는바, 이러한 위 연구소의 인적 구성과 회원의 수, 복제의 방법과 그 부수, 배포대상 등에 비추어 볼 때 설령 피고인이 연구의 목적으로 위 책자를 출판하였다고 하더라도 정당한 이용행위의 범주에 속하는 사적 사용을 위한 복제라고 할 수 없다. [대법원 1991. 8. 27. 선고 89도702 판결(저작권법위반)]

(4) 저작권 침해 복제물임을 알면서 복제하는 경우의 사적 복제 허용 문제

인터넷 이용자들이 저작권자로부터 이용허락을 받지 않은 영화 파일을 업로드하여 웹스토리지에 저장하거나 다운로드하여 개인용 하드디스크 또는 웹스토리지에 저장하는 행위가 저작권자의 복제권을 침해하는 것인지 여부(원칙적 적극) 및 해당 파일이 저작권을 침해하는 불법 파일인 경우에도 사적 이용을 위한 복제에 해당하는지 논란이 있다.

(5) 토렌트를 이용한 저작물 전송은 저작권 침해

토렌트는 다운로드와 동시에 업로드가 되므로 단순한 사적 복제행위가 아니라 저작권 침해행위가 된다.

(6) 사적 복제의 범위

수업시간의 강의를 스마트폰으로 녹음하는 것은 「저작권법」 위반인가? 강연자의 허락 없이 MP3를 이용해 강의 내용을 녹음하는 행위는 저작물의 복제행위로서 저작권자의 복제권을 침해하는 행위이다. 「저작권법」은 사적 이용을 위한 복제인 경우에는 저작권자의 저작재산권을 제한한다. 개인적으로 이용하거나 가정 및 이에 준하는 한정된 범위 안에서 이용하는 경우에는 그 이용자에게 저작물을 복제하여 이용할 수 있다. 다만, 이를 인터넷상에 업로드하거나 파일로 만들어 공유한다면 강연자에 대한 저작권 침해가 된다.

(7) 북 스캔과 사적 복제의 범위

서점에서 구매한 서적을 스캔하여 파일로 변환하여 읽는 행위는 저작권 침해인가? 저작권자의 동의 없이 스캔을 대행해 주는 북 스캔 업체의 행위는 「저작권법」상 복제로서 저작권을 침해하는 행위로 볼 수 있다. 개인이 구매한 도서를 가정에서 갖추고 있는 북 스캐너를 이용하여 직접 스캔하고, 스캔한 전자책을 다른 사람에게 전송하거나 배포할 목적이 아니라 개인적인 목적으로만 이용할 경우에는 사적 이용을 위한 복제 규정이 적용될 수도 있다. 그러나 구매한 도서를 스캔한 후 다시 중고시장에 되파는 행위를 지속해서 하는 경우 「저작권법」 위반이다.

11 도서관 등에서의 복제

(1) 원칙

도서관은 다음의 요건을 갖춘 경우에는 조사 · 연구를 목적으로 하는 이용자의 요구에 따라 공표된 도서 등의 일부분의 복제물을 제공할 수 있도록 하고 있다.

첫째, 이용자의 복제 요구가 조사 · 연구를 목적으로 한 것이어야 하며, 그 대상은 공표된 저작물이어야 한다.

둘째, 저작물 일부분을 1인 1부에 한하여 복제하여 제공하여야 한다.

마지막으로, 위의 요건들을 모두 갖춘 경우에도 디지털 형태로는 복제할 수 없도록 규정하고 있다.

(2) 보존용 복제

보존용 복제는 두 가지 경우에 가능하다. 첫째는 자체 보존을 위하여 필요한 경우이고(제31조 1항 2호), 둘째는 다른 도서관 등의 요구에 따른 경우이다(동조 동항 3호). 자체 보존을 위한 복제의 경우 특별한 요건이 제시되어 있지는 않으나 다른 도서관 등의 요구에 따른 복제인 경우 절판이나 그에 따르는 정도의 구하기 어려운 도서이어야만 복제할 수 있다. 또한, 자체 보존을 위한 복제의 경우 디지털 복제도 가능하나(단, 해당 자료가 디지털로 판매되지 않을 경우), 다른 도서관의 요구에 따른 복제인 경우 디지털 형태로 복제할 수 없다. 보존용 복제는 앞의 이용자를 위한 복제와는 달리 공표된 저작물이어야 한다는 요건과 복제 분량 및 부수에 대한 제한이 없다. 따라서 미공표 저작물도 보존용 복제의 대상이 될 수 있다.

(3) 디지털 복제 및 전송

도서관 등은 이용자의 열람을 위해 보관된 도서 등을 디지털로 복제할 수 있다. 이용자 열람을 위한 디지털 복제는 자관 이용자와 타관 이용자 모두를 위하여 가능하나 조건은 서로 다르다. 자관 이용자를 위한 디지털 복제의 경우 자관 내에서 동시에 이를 열람할 수 있는 이용자 수가 그 도서관에 보관된 자료의 부수를 초과할 수 없다(제31조 2항). 타관 이용자를 위한 디지털 복제 및 전송은 일부 또는 전부가 판매용으로 발행된 경우 발행일로부터 5년이 경과해야 가능하다(제31조 3항). 두 경우 모두 디지털 형태로 판매되는 자료는 디지털 형태로 복제할 수 없다(제31조 4항). 또한, 이 두 경우 모두 이용자를 위한 복제의 경우와 달리 이용자의 요청이 있어야 하거나 공표된 저작물이어야 한다는 조건은 없다.[12]

12 시험문제로서의 복제

우리 「저작권법」은 영리를 목적으로 하지 않는다면 학교의 입학시험 그 밖에 학식 및 기능에 관한 시험 또는 검정을 위하여 필요한 경우 그 목적을 위해 정당한 범위에서 공표된 저작물을 복제·배포할 수 있도록 규정한다. 시험문제 출제 전에 저작권자의 허락을 얻도록 하는 것은 비밀유지 측면에서 비합리적이다. 공익적 필요에 따라 저작물 이용의 경제적 부담을 줄여 주는 것이다. 다만, 영리적인 경우는 제외한다. 교육 관련 잡지를 영리 목적으로 출판하고 있다면, 이 규정의 적용을 받지 않는다. 기출문제를 저작권자의 허락을 받지 않고 이용한다면 저작권 침해가 발생하게 된다.

법원은 대입 본고사 입학시험 문제,[13] 토플 문제,[14] 대학예비고사 문제,[15] 고등학교 중간 및 기말고사 문제[16] 등을 보호받는 저작물로 인정한 바 있다.

---

12 정경희, "주요국 저작권법의 도서관 예외 규정 비교 분석", 한국정보관리학회, 『정보관리학회지』 34(1), 2017. 3, 268면.

13 서울지법 1994. 8. 23. 선고 94카합6795 결정.

14 서울고법 1995. 5. 4. 선고 93나47372 판결. 이 사건에서 법원은 토플 문제를 잡지에 무단복제한 잡지사에 대하여 토플 1문제당 미화 7.5달러의 손해배상을 인정하였다.

15 대법원 1989. 1. 17. 선고 87도2604 판결.

16 서울지법 2006. 10. 18. 선고 2005가합73377 판결.

Ex **수능시험 문제도 저작권이 있으므로 사설학원이 무단 도용 시 저작권 침해**

대입 본고사 입시 문제가 역사적인 사실이나 자연과학적인 원리에 대한 인식의 정도나 외국어의 해독능력 등을 묻는 것이고, 또 교과서, 참고서 기타 교재의 일정한 부분을 발췌하거나 변형하여 구성된 측면이 있다고 하더라도, 출제위원들이 인재를 선발하기 위하여 정신적인 노력과 고심 끝에 남의 것을 베끼지 아니하고 문제를 출제하였고 그 출제한 문제 질문의 표현이나 제시된 여러 개의 답안의 표현에 최소한도의 창작성이 인정된다면, 이를 「저작권법」에 따라 보호되는 저작물로 보는 데 아무런 지장이 없다고 한 사례. [대법원 1997. 11. 25. 선고 97도2227 판결(저작권법위반)]

13 시각장애인 등을 위한 복제

공표된 저작물은 시각장애인 등을 위하여 점자로 복제·배포할 수 있다. 시각장애인 등의 복리증진을 목적으로 하는 시설 중 대통령령으로 정하는 시설은 영리를 목적으로 하지 아니하고 시각장애인 등의 이용에 제공하기 위하여 공표된 어문 저작물을 녹음하거나 대통령령으로 정하는 시각장애인 등을 위한 전용 기록방식으로 복제·배포 또는 전송할 수 있다(「저작권법」 제33조).

디지털 기기의 보급에 발맞추어 점자 방식만이 아닌 녹음이나 시각장애인 등을 위한 전용 기록방식으로의 복제나 배포 또는 전송도 허용된다. 디지털 파일은 쉽게 점자나 오디오로 변환할 수 있기에 시각장애인들에게 유용하다. 그러나 디지털 파일의 특성상 쉽게 유출되어 저작권자에게 손해될 수도 있는 점 등을 고려하여 그러한 복제가 가능한 시설과 일반인들이 이를 습득하더라도 쉽게 이용할 수 없는 기술적 조치 등의 적용에 의하도록 하여 제한한다.

14 청각장애인 등을 위한 복제

누구든지 청각장애인 등을 위하여 공표된 저작물을 수화로 변환할 수 있고, 이러한 수화를 복제 · 배포 · 공연 또는 공중송신할 수 있다. 청각장애인 등의 복리증진을 목적으로 하는 시설 중 대통령령으로 정하는 시설은 영리를 목적으로 하지 아니하고 청각장애인 등의 이용에 제공하기 위하여 필요한 범위에서 공표된 저작물 등에 포함된 음성 및 음향 등을 자막 등 청각장애인이 인지할 수 있는 방식으로 변환할 수 있고, 이러한 자막 등을 청각장애인 등이 이용할 수 있도록 복제 · 배포 · 공연 또는 공중송신할 수 있다(「저작권법」 제33조의2).

15 미술 저작물 등의 전시 또는 복제

(1) 미술작품 소장자에 의한 원작품의 전시

미술 원작품의 소장자나 그의 동의를 얻은 자는 저작권자의 허락 없이 원작품에 의하여 전시할 수 있다. 그러나 가로(街路) · 공원(公園) · 건축물의 외벽(外壁) 그 밖의 공중에 개방된 장소에 항시 전시(恒時展示)하는 것은 안 된다. 여기서 '가로 · 공원 · 건축물의 외벽 그 밖의 공중에 개방된 장소'란 가로 · 공원 · 건축물뿐만 아니라 광장 · 옥외장소 · 공공장소 등 공중이 자유롭게 접근할 수 있는 장소를 말한다. 따라서 관공서 · 기업체 · 병원 등 건물의 옥내는 공중에 개방된 장소로 보기 어렵다.

원작품의 소장자는 원작품에 의해서만 전시할 수 있기 때문에 원작품을 복제한 복제품을 가지고 전시할 수는 없다. 다만, 소장 작품이 원작품이 아니라 복제품일지라도 그 복제품이 저작권자의 허락을 거쳐 적법하게 제작된 진정한 복제품이라면, 그 복제품은 원작품이나 다를 바 없다. 따라서 진정한 복제품의 소장자는 그 복제품에 의하여 전시하는 것이 가능하나.

(2) 공중에 항시 전시된 저작물의 이용

가로 · 공원 · 건축물의 외벽 등 개방된 장소에 항시 전시된 미술작품은 누구든지 복제하여 이용할 수 있다. 미술 저작물 · 건축 저작물 또는 사진 저작물 등이 일반 공중에게 개방된 장소에 항시 전시된 경우에 이를 「저작권법」으로 규제하는 것은 불합리하다.

미술 저작물 등이 가로 · 공원 · 건축물의 외벽 그 밖에 공중에게 개방된 장소에 항시 전시된 경우에는, ① 건축물을 건축물로 복제하는 경우, ② 조각 또는 회화를 조각 또는 회화로 복제하는 경우, ③ 해당 미술 저작물 등을 개방된 장소 등에 항시 전시하기 위하여 복제하는 경우, ④ 판매의 목적으로 복제하는 경우 등과 같은 4가지 경우를 제외하고는 어떠한 방법으로든지 이를 복제하여 이용 가능하다.

조각을 조각으로, 회화를 회화로 복제하거나, 또는 동종의 형태로 복제하지 않더라도 공중에 항시 전시하기 위하여 복제하거나 판매의 목적으로 복제하는 것은 허용되지 않는다.

빌딩 앞에 전시된 예술작품을 사진으로 촬영하여 개인 블로그에 업로드하는 행위는 해당 조항에 따라 허용된다. 다만, 판매의 목적으로 복제하는 경우는 예외로 하고 있으므로 미술 저작물 등을 촬영한 사진을 복제하여 엽서나 캘린더 등으로 판매하는 행위는 허용되지 않는다.

(3) 사진관에서 증명사진을 촬영한 경우

우리 「저작권법」은 위탁에 의한 초상화 또는 이와 유사한 사진 저작물의 경우에는 위탁자의 동의 없이는 저작권자라 할지라도 해당 사진 저작물을 이용할 수 없도록 규정하여 초상사진 인물의 인격적 권리를 보호한다.

의뢰로 촬영에 대한 대가를 받고 인물의 초상사진을 촬영하는 경우에도 저작자는 원칙적으로 저작물을 창작한 촬영자이다. 인물의 초상사진에는 초상권 문제가 함께 포함되어 있기 때문에 저작권에 기초하여 촬영자가 마음대로 이용할 수 있도록 하는 것은 개인의 인격권을 침해하는 중대한 문제가 발생할 수 있다. 이에 위탁자의 동의 없이는 이를 이용할 수 없도록 법에서 규정한다.

16 저작물 이용과정에서의 일시적 복제

컴퓨터에서 저작물을 이용하는 경우에는 원활하고 효율적인 정보처리를 위하여 필요하다고 인정되는 범위 안에서 그 저작물을 그 컴퓨터에 한때 복제할 수 있다. 다만, 그 저작물의 이용이 저작권을 침해하는 경우에는 그러하지 아니하다(「저작권법」 제35조의2).

컴퓨터에서 작업하면서 일시적으로 저장을 하는 경우는 저작권 침해로 볼 수 없다는 내용이다.

17 프로그램 코드 역분석

정당한 권한에 의하여 프로그램을 이용하는 자 또는 그의 허락을 받은 자는 호환에 필요한 정보를 쉽게 얻을 수 없고 그 획득이 불가피한 경우에는 해당 프로그램의 호환에 필요한 부분에 한하여 프로그램 저작재산권자의 허락을 받지 아니하고 프로그램 코드 역분석을 할 수 있다(「저작권법」 제101조의4).

정당한 경우 역분석(Reverse Engineering)을 허용한다는 내용이다.

18 정당한 이용자에 의한 보존을 위한 복제 등

프로그램의 복제물을 정당한 권한에 의하여 소지 · 이용하는 자는 그 복제물의 멸실 · 훼손 또는 변질 등에 대비하기 위하여 필요한 범위에서 해당 복제물을 복제할 수 있다(「저작권법」 제101조의5).

삭제되거나 작동 불능 상태에 대비하기 위한 내용이다.

19 공정한 이용

「저작권법」 제35조의5(저작물의 공정한 이용)을 보면, ① 저작물의 일반적인 이용 방법과 충돌하지 아니하고 저작자의 정당한 이익을 부당하게 해치지 아니하는 경우에는 저작물을 이용할 수 있다. ② 저작물 이용행위가 제1항에 해당하는지를 판단할 때에는 다음 각 호의 사항

등을 고려하여야 한다.

1. 이용의 목적 및 성격
2. 저작물의 종류 및 용도
3. 이용된 부분이 저작물 전체에서 차지하는 비중과 그 중요성
4. 저작물의 이용이 그 저작물의 현재 시장 또는 가치나 잠재적인 시장 또는 가치에 미치는 영향

「저작권법」은 저작물 이용행위가 공정이용에 해당하는지를 판단하기 위해서 4가지 사항을 예시한다. ① 영리성 또는 비영리성 등 이용의 목적 및 성격, ② 저작물의 종류 및 용도, ③ 이용된 부분이 저작물 전체에서 차지하는 비중과 그 중요성, ④ 저작물의 이용이 그 저작물의 현재 시장 또는 가치나 잠재적인 시장 또는 가치에 미치는 영향을 종합적으로 고려해 판단한다.

20 출처 명시

우리 「저작권법」도 저작재산권 제한 사유에 해당하여 저작물의 자유로운 이용이 가능한 경우에 저작물의 이용 상황에 따라 합리적이라고 인정되는 방법으로 출처를 명시하도록 규정한다. '합리적으로 인정되는 방법'은 일반적으로 저작물의 제호와 저작자명을 밝히는 것으로 구체적으로 전문서적이나 학술논문에는 각주 등의 방법을 사용하여 저작자의 이름, 책의 제호, 발행기관, 판수, 발행연도, 해당 페이지이다. 단순히 출처를 네이버 블로그나 인터넷이라고 하는 것은 출처를 명시한 것이

아니다. 또한, 논문의 경우 학문 분야의 특성에 따라 출처 표기가 달라질 수 있다.

21 패러디

(1) 패러디의 정의

'패러디(parody)'라는 용어는 '반대하다' 또는 '대응하다'라는 뜻의 그리스어인 'para'와, 노래를 의미하는 'odia'의 합성어 'parodia'에서 유래한 것으로 알려졌다.[17]

그 후 18세기 독일의 시인 베르니케(Wernicke)가 단편시집에서 사회의 유명 인사나 작품에 대해 야유, 조소 등 오락적인 표현기법을 사용해 작품화하기 시작하였고, 19세기 이후에는 문학의 범주에 한정되지 않고 연극, 영화, 방송 등 다양한 장르에서 패러디가 널리 유행하게 되었다.[18]

패러디는 2차적 저작물과 저작물의 인용 조항, 우리 「저작권법」에 최근 개정되어 삽입된 공정이용 조항과도 연관되어 있다. 앞서 언급한 대로 패러디는 창작의 자유와 예술의 자유, 학문의 자유, 표현의 자유 특히 비평의 자유 등과 연관성을 가진다.[19]

---

17 Metro-Goldwyn-Mayer, Inc. v. Showcase Atlanta Co-op. Productions, Inc., N.D.Ga.1979, 479 F.Supp. 351, 203 U.S.P.Q. 822.

18 장연이 · 김희권, "패러디의 의미와 표현의 자유", 한국디지털콘텐츠학회, 『한국디지털콘텐츠학회 논문지』 18(7), 2017. 11, 1,334면.

19 계승균, "저작권법상 패러디에 관한 일 고찰", 동아대학교 법학연구소, 『동아법학』 57, 2012. 11, 250면.

가. 비평 또는 풍자

패러디는 원작을 비평 또는 풍자하여야 한다. 원작을 비평 또는 풍자한 것이라는 사실을 감상자가 알 수 있어야 한다. 풍자라는 것을 알기 어렵다면 '실패한 패러디'로서 저작권 침해가 성립할 수 있다.

나. 이용행위의 목적과 성격

상업적 성격을 가지는 것인지가 또 하나의 기준이다. 기준은 결정적인 것은 아니며, 상업적 성격을 가진 이용행위도 패러디가 인정된 사례가 있다.

다. 이용된 분량과 실질적 가치

패러디되기 위하여는 '원작을 떠올리는 정도'를 차용하여야 한다는 것이다.

라. 원작의 시장수요에 대하여 미치는 영향

패러디가 원작의 시장적 · 경제적 가치에 미치는 효과를 분석하여 가치를 감소시키거나 그러한 수요를 대체하는 효과가 있다고 판단되는 패러디에 대하여는 자유이용을 허용하지 않는다.

(2) 패러디의 사례

우리나라에서 패러디가 문제 된 유일한 사건인 2001년 '서태지 〈컴백홈〉' 판결에서 법원은 저작권 침해를 인정하면서 "패러디 허용 여부는 저작권의 본질적인 부분을 침해하지 않는 범위 내에서 예외적으로만 허용되어야 하는 만큼 제반 요소를 고려하여 신중하게 판단하여야 한다"

며 패러디에 대한 엄격한 법 적용의 모습을 보여주고 있다. 대법원도 패러디 관점에서 취급해 볼 수 있었던 소위 개사곡 관련 사건에서 패러디와 인용을 구별하지 않고 법 적용을 함으로써 문예적 패러디나 상업적 패러디 문제를 다룬 저작권 침해 관련 본안판결은 아직 한 건의 선례도 없다.[20]

패러디는 공정한 인용의 원칙에 따라 허용될 수 있다. 대부분 패러디 영상물은 가수의 인기를 높여주고 홍보에 도움이 되기 때문에 현실적으로 권리자들이 침해의 문제를 제기하지 않는 경우도 많다. 다만, 영상에 새로운 창작성이나 풍자를 가미한 것이 아니라 원본을 재현한 것에 불과한 것은 패러디가 아닌 복제에 해당되어 저작권 침해 문제가 발생할 수 있고, 단순히 웃음만을 유발하는 패러디는 공정한 이용으로 인정받지 못할 수 있으며 형법상 명예훼손의 문제가 발생할 수도 있다. 그러나 영상물은 패러디한다고 하더라도 해당 음원은 그대로 복제되기 마련이므로 음악 저작권에 대한 이용허락은 별도로 필요하다.

22 저작권의 이용과 CCL

저작물 이용허락 표시제도 중 하나인 CCL(Creative Commons License)은 자신의 창작물에 대해 일정한 조건하에 모든 이의 자유이용을 허락하는 라이선스를 표시한다. 저작권자가 자신의 저작물에 대한 이용 방법 및 조건을 표시하고, 이용자들은 그 방법과 조건 내에서 자유롭게 저작물을 이용한다.

20 김정완, “저작권법상 패러디의 보호”, 전남대학교 법학연구소, 『법학논총』 37(3), 2017. 8, 124면.

Attribution(저작자 표시)은 저작자의 이름, 출처 등 저작자를 반드시 표시해 주어야 한다는 내용이다. Noncommercial(비영리)은 저작물을 영리 목적으로 이용할 수 없고 영리 목적의 이용을 위해서는 별도의 계약이 필요하다는 의미이다. No Derivative Works(변경금지)는 저작물을 변경하거나 저작물을 이용한 2차적 저작물 제작을 금지한다는 의미이다. Share Alike(동일조건 변경허락)은 2차적 저작물 제작을 허용하되, 2차적 저작물에 원저작물과 동일한 라이선스를 적용해야 한다는 의미이다. 저작자표시(BY)는 모든 CCL에 기본적으로 포함한다. 변경금지(ND)와 동일조건변경허락(SA)은 동시에 사용할 수 없으므로, 가능한 조합은 저작자표시(BY), 저작자표시-변경금지(BY-ND), 저작자표시-비영리(BY-NC), 저작자표시-동일조건변경허락(BY-SA), 저작자표시-비영리-동일조건변경허락(BY-NC-SA), 저작자표시-비영리-변경금지(BY-NC-ND) 등 총 6가지이다.

SECTION Ⅵ

저작물 이용의 법정허락과 보호기간

1 법정허락

(1) 의의

상당한 노력을 기울였어도 공표된 저작물의 저작재산권자를 알지 못하거나 저작재산권자를 알더라도 그의 거소를 찾을 수 없어 저작물의 이용을 허락받을 수 없는 경우, 「저작권법」에서는 '법정허락제도'를 두어 문화체육관광부 장관에게 저작물의 이용승인을 얻은 후 문화체육관광부 장관이 정하는 기준에 의한 보상금을 위원회에 지급하고 이를 이용할 수 있도록 규정한다. 다른 사람의 저작물(또는 실연, 음반, 방송 및 데이터베이스)을 이용하기 위하여 상당한 노력을 기울였어도 권리자를 알 수 없거나 권리자의 거소를 알 수 없는 경우 또는 특별한 목적으로 저작물을 이용하고자 하였으나 권리자와 협의가 성립되지 않아 이용할 수 없는 경우 「저작권법」에 의하여 권리자를 대신하여 저작물 이용을 승인하는 제도이다.

(2) 법정허락 대상

① 저작재산권자 불명인 저작물의 이용(법 제50조): 상당한 노력을 기울였어도 공표된 저작물(외국인의 저작물 제외)의 저작재산권자나 그의 거소를 알 수 없어 그 저작물의 이용허락을 받을 수 없는 경우

② 공표된 저작물의 방송(법 제51조): 공표된 저작물을 공익상 필요로 방송하고자 하는 방송사업자가 그 저작재산권자와 협의하였으나 협의가 성립되지 아니하는 경우

③ 판매용 음반의 제작(법 제52조): 판매용 음반이 우리나라에서 처음으로 판매되어 3년이 경과한 경우 그 음반에 녹음된 저작물을 녹음하여 다른 판매용 음반을 제작하고자 하는 자가 그 저작재산권자와 협의하였으나 협의가 성립되지 아니한 경우

④ 실연 · 음반 및 방송 이용(법 제89조): 실연 · 음반 및 방송 이용에 관하여 법 제50조부터 법 제52조까지의 규정을 준용

⑤ 데이터베이스의 이용(법 제97조): 데이터베이스 이용에 관하여 법 제50조 및 법 제51조까지의 규정을 준용

(3) 법정허락 절차

법정허락에 대한 신청이 들어오면 한국저작권위원회는 저작재산권자를 찾는다는 취지의 내용을 관보에 10일간 공고한다. 관보 공고 후에도 저작재산권자가 나타나지 않으면 법정허락 신청 건에 대한 심의를 거쳐 승인 여부를 심사한다. 이러한 절차를 거쳐 법정허락 승인이 된 때에야 비로소 법원에 일정한 보상금을 공탁한 뒤 저작물을 이용할 수 있다.

2 저작재산권의 보호기간

저작재산권은 이 관에 특별한 규정이 있는 경우를 제외하고는 저작자가 생존하는 동안과 사망한 후 70년간 존속한다. 공동저작물의 저작재산권은 맨 마지막으로 사망한 저작자가 사망한 후 70년간 존속한다.

3 저작권의 무방식주의

「저작권법」은 저작물의 창작한 때로부터 저작권이 발생하고 등록이나 출판 등 어떠한 절차나 형식의 이행을 요구하지 않는 무방식주의이다. 대부분 국가가 베른협약 등 국제조약에 따라 무방식주의를 취하고 있다. 홈페이지나 도서 등에 ⓒ 표시와 함께 "All rights reserved"라고 명시하는 것을 자주 보게 된다. 종종 볼 수 있는 ⓒ 표시는 과거 저작권의 발생에 관해 방식주의를 취하고 있던 미국이 주축이 된 세계저작권협약(Universal Copyright Convention: UCC)에 의한 것이다. ⓒ 표시는 Copyright의 첫 글자이다. 그러나 미국도 1989년부터 무방식주의를 원칙으로 한다.

4 저작권의 등록

(1) 개요

저작물에 관한 일정한 사항(저작자 성명, 창작연월일, 맨 처음 공표연월일 등)과 저작재산권의 양도, 처분제한, 질권설정 등 권리변동에 대한 사항을 공적 장부에 등재하고, 일반 국민에게 공개, 열람하도록 공시한다. 저작권 등록을 하지 않더라도 저작권은 생기지만 다른 제3자와의 관계에서 권리를 잘 인정받도록 하려는 것이다. 즉 일반 공중에게 공개 열람하도록 하여 공시적인 효과가 있게 하고 사후적인 입증의 편의를 위한 것이다.

(2) 저작권 등록의 효력

① 추정력이 있다. 저작자로 실명이 등록된 자는 그 등록저작물의 저작자로, 창작연월일 또는 맨 처음 공표연월일이 등록된 저작물은 등록된 연월일에 창작 또는 맨 처음 공표된 것으로 추정한다. 다만, 저작물을 창작한 때부터 1년이 경과한 후에 창작연월일을 등록한 경우에는 등록된 연월일에 창작된 것으로 추정하지 아니한다. 등록된 저작권 등을 침해한 자는 그 침해행위에 과실이 있는 것으로 추정한다(「저작권법」 제125조 제4항).

② 대항력이 있다. 저작재산권의 양도, 처분제한, 질권설정 등 권리변동등록의 경우 제3자에 대한 대항력을 부여한다. 법정 손해배상청구가 가능하다.

SECTION Ⅶ

저작인접권

1 저작인접권

저작인접권이란 실연자, 음반제작자 및 방송사업자에게 부여되는 저작권에 인접하는 권리(Neighboring Right)이다. 저작물을 직접 창작하지는 않지만, 공중이 다양한 저작물에 접근할 수 있도록 매개하는 자에게 부여되는 권리이다. 창작자에게 부여되는 저작권과 구별하기 위하여 저작인접권이라고 하며 저작인접권자에는 실연자 · 음반제작자 · 방송사업자 · DB 제작자가 있다.

실연자란 "저작물을 연기 · 무용 · 연주 · 가창 · 구연 · 낭독 그 밖의 예능적 방법으로 표현하거나 저작물이 아닌 것을 이와 유사한 방법으로 표현하는 실연을 하는 자"로서, 가수 · 성악가 · 탤런트 · 배우 · 연주자 · 모델 · 지휘자 · 마술사 · 곡예사 등을 말한다.

음반제작자는 음(소리)을 음반에 고정하는 데 있어 전체적으로 기획하고 책임을 지는 자로서, 마스터 음반제작자를 말한다. 이렇게 고정된

소리는 음원(音源)이지만 법적으로는 음반이라고 부른다.

방송사업자는 저작물을 공중이 동시에 수신할 수 있도록 무선 또는 유선으로 송신하는 자로서, 지상파방송사업자 · 유선방송사업자 · 위성방송사업자를 말한다.

창작성 없는 DB 제작자는 데이터베이스의 제작 또는 그 소재의 갱신 · 검증 또는 보충에 인적 또는 물적으로 상당한 투자를 한 자를 말한다.

2 실연자의 권리

'실연자'는 저작물을 연기 · 무용 · 연주 · 가창 · 구연 · 낭독 그 밖의 예능적 방법으로 표현하거나 저작물이 아닌 것을 이와 유사한 방법으로 표현하는 실연을 하는 자를 말하며, 실연을 지휘, 연출 또는 감독하는 자를 포함한다.

실연자는 성명표시권, 동일성유지권, 복제권, 배포권, 대여권, 공연권, 방송권, 전송권을 가진다. 광고 속 스타 실연자의 음성이 광고 매출에 어떠한 영향을 미치는지를 연구한 내용에는 모두 소비자의 상품 구매에 유의한 정의 영향을 미치는 것으로 파악되었으며, 특히 호감성, 매력성 등이 소비자의 상품 구매에 더 큰 영향을 미치는 것을 알 수 있다.[21] 최근에는 실연자의 역할이 중요해지고 있다.

---

21 김진이 · 조인희, "TV 광고에 있어 실연자의 음성이 소비자의 상품 구매에 미치는 영향에 관한 연구: TV 스타를 중심으로", 한국엔터테인먼트산업학회, 『한국엔터테인먼트산업학회논문지』 8(2), 2014. 6, 212면.

방송사업자가 실연이 녹음된 상업용 음반을 사용하여 방송하는 경우에는 상당한 보상금을 그 실연자에게 지급하여야 한다. 다만, 실연자가 외국인인 경우에 그 외국에서 대한민국 국민인 실연자에게 이 항의 규정에 따른 보상금을 인정하지 아니하는 때에는 그러하지 아니하다.

Ex 사망한 가수 김광석이 가지고 있던 실연자로서의 저작인접권이 그의 부친과 처 중 누구에게 귀속되는지를 판단한 사례

위 조항들은 이 사건 기존 4개 음반의 판매로부터 이익을 얻을 권리는 김광석의 아버지가, 이 사건 기존 4개 음반에 수록된 음원을 이용하여 처가 제작할 예정인 라이브 음반의 판매로부터 이익을 얻을 권리는 처가 갖는다는 의미로 해석하는 것이 옳다. [대법원 2008. 6. 26. 선고 2006도4126 판결(저작권법위반)]

3 음반제작자의 권리

"음반제작자"는 음을 음반에 고정하는 데 있어 전체적으로 기획하고 책임을 지는 자를 말한다. 음반제작자는 복제권, 배포권, 대여권, 전송권을 가진다.

방송사업자가 판매용 음반을 사용하여 방송하는 경우에는 상당한 보상금을 그 음반제작자에게 지급하여야 한다. 디지털음성 송신사업자가 음반을 사용하여 송신하는 경우에는 상당한 보상금을 그 음반제작자에게 지급하여야 한다. 판매용 음반을 사용하여 공연하는 자는 상당한 보상금을 해당 음반제작자에게 지급하여야 한다.

4 방송사업자의 권리

방송사업자는 방송을 업으로 하는 자를 말한다. 방송사업자는 복제권, 동시중계방송권, 공연권을 가진다.

5 저작인접권의 보호기간

저작인접권은 다음 각 호의 어느 하나에 해당하는 때의 다음 해부터 계산을 시작하여 70년(방송의 경우에는 50년)간 존속한다(「저작권법」 제86조 ②항).

1. 실연의 경우에는 그 실연을 한 때. 다만, 실연을 한 때부터 50년 이내에 실연이 고정된 음반이 발행된 경우에는 음반을 발행한 때
2. 음반의 경우에는 그 음반을 발행한 때. 다만, 음을 음반에 맨 처음 고정한 때의 다음 해부터 기산하여 50년이 지난 때까지 음반을 발행하지 아니한 경우에는 음을 음반에 맨 처음 고정한 때
3. 방송의 경우에는 그 방송을 한 때

모차르트는 사망하여 모차르트가 작곡한 악보는 저작권이 만료하여 누구나가 이를 이용할 수 있다. 그러나 모차르트의 악보를 연주한 실연자, 음반을 기획한 음반제작자, 방송하는 방송사업자가 저작인접권이 생기고 이러한 저작인접권의 기간이 만료되지 않는다면 자유로이 사용할 수 없다. 예를 들어 빈 필하모닉이 모차르트의 교향곡을 연주한 음반을 발매하고 방송을 하게 되었다면 저작인접권자의 허락을 받아야만 사용을 할 수 있다.

6 유튜브에서 음악 사용의 경우

원칙적으로 유튜버가 자신의 영상에 다른 사람의 음악을 사용하기 위해서는 저작권자로부터 사전에 이용허락을 받아야 한다. 우리 「저작권법」은 제46조에서 "저작재산권자는 다른 사람에게 그 저작물의 이용을 허락할 수 있고, 허락을 받은 자는 허락받은 이용 방법 및 조건의 범위 안에서 그 저작물을 이용할 수 있다"고 규정한다. 따라서 자신이 제작하는 영상에 특정 음악을 사용하고자 하는 유튜버는 해당 저작물의 모든 권리주체에게 이용허락을 받아야 한다.

예를 들어 자신이 좋아하는 음악을 영상의 배경음악으로 사용하기 위해서는 저작권자인 작사가, 작곡가뿐만 아니라 저작인접권자인 실연자와 음반제작자 모두에게 각각 이용허락을 받아야 한다. 이 권리는 보통 신탁관리단체(한국음악저작권협회, 함께하는 음악저작인협회, 한국음악실연자협회, 한국음반산업협회)에서 통합해서 관리하고 있다. 유튜버는 결국 이들 협회의 이용허락을 받아야 하지만 음악을 사용할 때마다 매번 이용허락을 받기도 쉽지 않다. 한국음악저작권협회와 유튜브는 2010년 '음악저작권 보호 협약'을 체결했다. 그 내용은 "유튜브 사용자가 음저협이 관리하는 음악을 사용한 영상을 업로드하여도 법적 책임을 묻지 않고 사용을 허락하되, 영상에 광고가 붙어 수익이 발생하면 그 수익을 음저협이 가져가 회원인 저작권자에게 분배한다"는 것이다. 이는 유튜브의 저작권 정책이 반영된 내용으로 저작권자가 자기 저작물의 사용을 허락하는 대신 그 저작물이 사용된 영상에서 발생하는 수익을 얻는다는 것이다.

SECTION Ⅷ

데이터베이스 제작자 등의 권리

1 데이터베이스 제작자의 보호

(1) 편집물과 데이터베이스의 차이

'편집물'은 저작물이나 부호 · 문자 · 음 · 영상 그 밖의 형태의 자료(이하 "소재"라 한다)의 집합물을 말하며, 데이터베이스를 포함한다.

'편집 저작물'은 편집물로서 그 소재의 선택 · 배열 또는 구성에 창작성이 있는 것을 말한다.

'데이터베이스'는 소재를 체계적으로 배열 또는 구성한 편집물로서 개별적으로 그 소재에 접근하거나 그 소재를 검색할 수 있도록 한 것을 말한다.

'데이터베이스 제작자'는 데이터베이스의 제작 또는 그 소재의 갱신 · 검증 또는 보충(이하 "갱신 등"이라 한다)에 인적 또는 물적으로 상당한 투자를 한 자를 말한다.

Ex **편집앨범도 저작권자의 허락을 받아야 함**

저작권자가 자신의 저작재산권 중 복제 · 배포권의 처분권한까지 음반제작자에게 부여하였다거나, 또는 음반제작자로 하여금 저작인접물인 음반 이외에 저작권자의 저작물에 대하여까지 이용허락을 할 수 있는 권한이나 저작물의 이용권을 제3자에게 양도할 수 있는 권한을 부여하였다는 등의 특별한 사정이 인정되지 않는 한, 음반제작자에 의하여 제작된 원반 등 저작인접물에 수록된 내용 중 일부씩을 발췌하여 이른바 '편집앨범'을 제작하고자 하는 자는 그 음반제작자의 저작인접물에 대한 이용허락 이외에 저작권자로부터도 음악 저작물에 대한 이용허락을 얻어야 한다. [대법원 2006. 7. 13. 선고 2004다10756 판결(채무부존재확인)]

(2) 데이터베이스 보호 이유

편집 저작물의 요건으로서 창작성을 갖추지 못한 경우는 「저작권법」의 보호대상이 아니다. 예외적으로 소재의 선택, 배열 또는 구성에 창작성이 있는 데이터베이스는 보호를 하게 된다. 즉, 투자를 보호하게 되는 것이다. 《조선왕조실록》을 번역하여 데이터베이스로 구축하는 경우에 데이터베이스로 보호할 수 있다.

(3) 데이터베이스 제작자의 권리

데이터베이스 제작자의 권리를 본다. 데이터베이스 제작자는 그의 데이터베이스의 전부 또는 상당한 부분을 복제 · 배포 · 방송 또는 전송(이하 "복제 등"이라 한다)할 권리를 가진다. 데이터베이스의 개별 소재는 당해 데이터베이스의 상당한 부분으로 간주되지 아니한다. 다만, 데이터베이스의 개별 소재 또는 그 상당한 부분에 이르지 못하는 부분의 복제 등이라 하더라도 반복적이거나 특정한 목적을 위하여 체계적으로 함으로써 당해 데이터베이스의 통상적인 이용과 충돌하거나 데이터베이스 제작자의 이익을 부당하게 해치는 경우에는 당해 데이터베이스의 상당한 부분의 복제 등으로 본다. 데이버베이스에 따른 보호는 데이터베이스의 구성부분이 되는 소재의 저작권 그 밖에 이 법에 따라 보호되는 권리에 영향을 미치지 아니한다. 데이터베이스에 따른 보호는 데이터베이스의 구성부분이 되는 소재 그 자체에는 미치지 아니한다.

(4) 데이터베이스 보호기간

데이터베이스 제작자의 권리는 데이터베이스의 제작을 완료한 때부터 발생하며, 그다음 해부터 기산하여 5년간 존속한다. 또한, 데이터베이스의 갱신 등을 위하여 인적 또는 물적으로 상당한 투자가 이루어진 경우에 당해 부분에 대한 데이터베이스 제작자의 권리는 그 갱신 등을 한 때부터 발생하며, 그다음 해부터 기산하여 5년간 존속한다(「저작권법」 제95조).

SECTION Ⅸ

퍼블리시티권

1 초상권

초상권은 「헌법」 제10조의 '행복추구권'과 제17조의 '사생활의 비밀과 자유'에서 비롯되는 인격권으로서 "사람의 얼굴, 또는 모습을 그 본인의 의사에 반하여 촬영 혹은 공표당하거나 영리적으로 이용당하지 아니할 권리이며, 또한 이러한 이용행위를 금지할 권리"로 정의할 수 있다. 우리 법원도 "사람은 누구나 자신의 얼굴 기타 사회 통념상 특정인임을 식별할 수 있는 신체적 특징에 관하여 함부로 촬영 또는 그림으로 묘사되거나 공표되지 아니하며 영리적으로 이용당하지 않을 권리를 가지는데, 이러한 초상권은 우리 「헌법」 제10조 제1문에 의하여 헌법적으로도 보장되고 있는 권리이다.[22] 또한, 「헌법」 제10조(행복추구권)는 「헌법」 제17조(사생활의 자유)와 함께 사생활의 비밀과 자유를 보장하는데, 이에 따라 개인은 사생활 활동이 타인으로부터 침해되거나 사생활이 함부로 공개되지 아니할

22 대법원 2006. 10. 13. 선고 2004다16280 판결.

소극적인 권리는 물론, 오늘날 고도로 정보화된 현대사회에서 자신에 대한 정보를 자율적으로 통제할 수 있는 적극적인 권리도 가진다"라고 판시[23]한 바 있다.

일반적으로 사인(私人)의 경우는 초상권 보호가 두터운 편이고, 스포츠맨 · 연예인 등 공인(公人)들의 초상권 보호는 엷은 편이다. 공인들의 초상은 영리 목적으로 이용하지 않는 한 초상권 침해가 성립되지 않는다.[24]

2 퍼블리시티권

영미에서는 초상권을 순수한 인격적 권리로서 초상권과 재산적 권리로서의 초상권을 구분하여, 전자를 초상권이라 하고 후자를 퍼블리시티권(Right of Publicity)이라 한다.

퍼블리시티권이란 스포츠맨 · 연예인 그 밖의 공인 등과 같이 유명인의 얼굴, 성명, 목소리, 이력 등을 광고 등 영리 목적으로 이용하는 것을 금지할 권리로서, 초상을 경제적으로 이용하는 것을 금지할 권리를 말한다.

영화나 TV 드라마 등에 출연하는 배우 등이 오랫동안 특정한 극 중 역할을 맡음에 따라 그만의 독특한 이미지를 형성하게 되어 해당 인물이 연상될 수 있는 캐릭터를 제작하여 상업적으로 이용할 때에는 퍼블리시티권 침해 문제가 발생할 수 있다.

퍼블리시티권의 인정 여부에 대하여는 아직도 논란이 있지만, 본래의

---

23 대법원 1998. 7. 24. 선고 96다42789 판결.

24 공인들의 초상을 비영리 목적으로 이용할 수 있을지라도 그러한 이용이 공인에 대한 명예훼손을 가져오는 때에는 법적 책임을 피할 수 없다.

공개 및 이용허락의 취지에 반하여 기업이 영리 목적으로 사진을 함부로 이용하는 것은 해당 연예인의 자기 정보에 대한 통제권 및 초상과 성명이 영리적으로 이용당하지 않을 권리를 정면으로 침해하는 위법한 행위가 될 가능성이 크다. 연예인 사진의 경우에는 퍼블리시티권 침해와는 별도로 해당 연예인을 촬영한 사진에 대한 사진저작권 문제가 발생할 수 있음에 유의해야 한다. 통상적으로 사진을 촬영한 자에게 저작권이 귀속하므로, 이용자 본인이 직접 촬영한 사진을 이용하지 않는 이상, 초상 이용에 대한 허락과는 별도로 사진저작권자에게도 사진 저작물 이용에 대한 허락을 받아야 할 것이다. 최근 우리 법원도 일반 사인(私人)의 초상을 동의 없이 이용했을 때에는 초상권 침해를, 스포츠맨이나 연예인 등 유명인의 초상을 동의 없이 영리 목적으로 이용하였을 때는 퍼블리시티권 침해를 인정하는 추세에 있다.

3 퍼블리시티권의 보호

퍼블리시티권이란 유명인이 자신의 성명이나 초상, 서명 등이 갖는 재산적 가치를 독점적 · 배타적으로 지배하는 권리이다. 영화배우, 탤런트, 운동선수 등 유명인의 성명이나 초상을 사용하여 선전하거나 이것들을 상품 등에 부착하여 판매하는 경우가 증가하고 있다. '수지 모자', '싸이 인형' 사건처럼 유명인의 성명이나 초상 등을 당사자의 동의 없이 매체에 광고용으로 사용한 업체들을 대상으로 퍼블리시티권 침해에 대한 손해배상소송이 제기되고 있다.

4 퍼블리시티권 인정/부정 사례

Ex 성명 초상권을 근거로 하여 인정한 사례

갑 주식회사가 스마트폰 등 통신기기 이용자들이 얼굴을 촬영하여 입력하면 닮은꼴 연예인을 찾아주는 애플리케이션을 개발하여 이용자들에게 무료로 배포함으로써 인터넷에 공개된 연예인 등의 사진과 성명을 사용한 사안에서, 갑 회사가 무단으로 위 애플리케이션을 통해 을 등의 사진과 성명을 사용한 행위는 위법하므로, 갑 회사는 을 등에게 위자료를 지급할 의무가 있다고 한 사례. [서울고등법원 2014. 4. 3. 선고 2013나2022827 판결: 상고(손해배상(기))]

Ex 퍼블리시티권 인정 사례

유명 프로야구 선수들의 허락을 받지 아니하고 그 성명을 사용한 게임물을 제작하여 상업적으로 이동통신회사에 제공한 것은 위 프로야구 선수들의 성명권 및 퍼블리시티권을 침해한 것으로 불법행위에 해당한다고 한 사례. [서울중앙지방법원 2006. 4. 19. 선고 2005가합80450 판결: 항소(성명사용금지등)]

Ex 퍼블리시티권 부정 사례

연예인으로 활동하는 갑 등이 인터넷 포털 사이트를 운영하는 을 주식회사가 제공하는 키워드 검색 광고 서비스를 통하여 광고주들이 갑 등의 성명과 상품명 등을 조합한 문구를 키워드로 이용함으로써 갑 등의 퍼블리시티권 또는 성명권이 침해되었다는 이유로 을 회사를 상대로 손해배상 등을 구한 사안에서, 퍼블리시티권을 인정할 수 없다. [서울서부지방법원 2014. 7. 24. 선고 2013가합32048 판결: 항소(손해배상청구)]

SECTION X

인터넷과 저작권의 관계

1 인터넷을 통한 다운로드

인터넷에서 타인의 저작물을 다운로드하여 디지털 파일로 저장하는 것은「저작권법」상 복제에 해당한다. 수많은 사람들이 궁금해하는 것으로 동영상이나 사진을 다운로드하는 행위는 모두 다 처벌되는가? 사적 복제 규정에 따라 공표된 저작물을 영리를 목적으로 하지 않고 개인적으로 이용하거나 가정 및 이에 준하는 한정된 범위에서는 허용된다. 다만, 이를 다른 사람에게 전송이나 공중송신하게 되면 저작권 침해가 된다. 공유 폴더에 올리는 행위도 저작권 침해가 될 수 있다. 예를 들어 인터넷 동영상 강의를 일부분이라도 자기가 다른 사람에게 보내주는 것은 저작권 침해가 된다. SNS에 소설을 올려놓는 것도 저작권 침해가 될 수 있다. 토렌트는 복제와 전송이 되므로 저작권 침해가 된다.

2 인터넷 쇼핑몰의 사진 및 댓글의 저작권

인터넷 쇼핑몰의 사진을 그대로 퍼오는 것은 저작권 침해가 된다. 인터넷 사이트의 댓글이나 다른 사람의 의견을 그대로 퍼오는 것도 저작권 침해가 될 수 있다. 다만, 댓글 중에 창작성이 없어 저작물로 보호되지 못하는 경우는 저작권 침해가 되지 않는다. 다른 사람이 올려놓은 글이나 재미있는 사진도 허락 없이 그대로 퍼오면 저작권 침해가 될 가능성이 있다.

3 인터넷 홈페이지의 제작과 저작권

인터넷 홈페이지 제작 시 사진은 자신이 저작권을 보유한 사진으로 제작함이 원칙이다. 홈페이지를 직접 제작하는 경우도 있지만, 외부업체에 위탁하여 제작하는 경우 외부업체가 불법 저작물을 이용한 경우 저작권 침해에 대한 책임은 누가 지는가? 홈페이지 제작을 의뢰한 기업이 타인의 저작권을 침해한 저작물이 이용되고 있었음을 알지 못한 때에는 형사책임은 면책될 수 있다. 이 경우 저작권 침해에 대한 형사책임의 대상은 타인의 저작물을 무단으로 직접 이용한 외부업체가 될 것이다. 이에 따라 계약의 방식을 점검해야 한다. 또한, 외부업체가 저작권을 가지고 있는 사진을 우리 홈페이지에 이용하였다고 하여 그 사진에 대하여 우리가 저작권을 가지게 되는 것이 아니다. A 기업이 홈페이지를 제작 의뢰한 B 업체가 홈페이지를 제작하면서 C 사진 저작권은 B 업체가 가지고 있다. 이 경우 C 사진 저작권이 A 기업에 이전되는 것이 아니다. 홈페이지 제작 시 홈페이지 제작 업체들이 폰트 프로그램을 무단 이용할 시 저작권 침해가 된다.

Ex 서체 파일 저작권 침해 사례

서체 파일이 컴퓨터 프로그램에 해당한다고 판단하여 신청인과 피신청인의 서체 파일의 소스 코드가 동일하다면 피신청인의 서체 파일은 신청인의 서체 파일에 의존하여 작성된 것으로 추정되므로 프로그램 저작권 침해를 인정함이 상당하다고 한 사례. [대법원 2001. 6. 29. 선고 99다23246 판결(저작권침해금지가처분)]

4 인터넷과 링크

단순 링크(Simple Link)는 웹 사이트의 이름과 URL만 게시하는 방식이다. 심층 링크(Deep Link)는 저작물의 이름이나 간략한 정보만을 제시하고 그 저작물이 존재하는 세부적인 페이지에 바로 연결하는 경우에는, 직접적으로 저작물을 복제하거나 전송하는 것으로 볼 수 없으므로 저작권 침해에 해당하지 않는다. 프레임 링크(Frame Link)는 즉 자신의 홈페이지 화면을 둘 이상의 영역으로 나누어, 다른 웹 사이트의 자료가 자신의 홈페이지의 다른 프레임에서 보이도록 하는 방식인 경우에는, 이에 대하여 직접적으로 저작권 침해를 인정하지는 않았으나, 저작권 침해와 마찬가지로 볼 수 있는 불법행위에 해당한다고 판시한 사례가 존재한다.

5 인터넷 사이트와 음악 듣기

인터넷 사이트에서 음악을 링크를 통하여 들려주도록 하는 것은 저작권 침해가 되지 않는다. 그러나 인터넷 사이트에서 음악을 다운로드할 수 있도록 하는 것은 저작권 침해행위가 된다. 대법원은 기존에 '링크는 인터넷에서 링크하고자 하는 웹페이지 등의 위치 정보나 경로를 나타낸 것에 불과하므로, 링크 행위는 저작권 침해행위의 실행 자체를 용이하게 하는 방조행위로 볼 수 없다'는 입장을 취해 왔다.[25] 대법원은 기존 대법원 판례를 변경하여 링크 행위에 대하여 저작권 침해 방조를 인정하는 전원합의체 판결을 선고하였다.[26]

Ex 소리바다 서비스의 복제권 침해 방조 사례

소리바다 서비스를 운영하여 그 이용자들로 하여금 구 「저작권법」상 복제권의 침해행위를 할 수 있도록 한 것은 그 방조범에 해당한다고 한 사례. [대법원 2007. 12. 14. 선고 2005도872 판결(저작권법위반)]

정당한 대가를 주고 자기 블로그에서 음악(네이버 블로그 배경음악, 카카오 스토리 배경음악 등)을 들을 수 있도록 하는 것은 가능하다.

6 자기 기사의 이용과 인터넷 링크

자기를 인터뷰한 기사나 취재 영상을 신문사나 방송국의 이용허락 없이 게재하면 저작권 침해가 된다. 「저작권법」상 저작자는 저작물을 창작한 자로 본인이 인터뷰에 응하였더라도 기자가 이를 자신이 정리하여 글로써 창작성 있게 표현한 경우에는 기사의 저작권자는 기사를 작성한 사람이다. 다만, 인터뷰 기사 작성이 단순히 인터뷰 대상이 하는 말을 그대로 받아 적은 것에 불과한 경우에는, 인터뷰에 응한 본인이 이러한

25 대법원 2015. 3. 12. 선고 2012도13748 판결.
26 대법원 2021. 9. 9. 선고 2017도19025 전원합의체 판결.

인터뷰 기사의 저작권자가 될 수 있다. 본인을 촬영한 영상일지라도 영상물의 이용을 위해 필요한 권리는 영상 저작물의 제작에 있어 그 전체를 기획하고 책임을 지는 자인 영상제작자가 양도받은 것으로 추정된다. 해당 취재 영상이 별도의 편집과정 등을 거쳐 방송되는 등 영상 저작물로의 창작성을 가지고 있는 경우라면, 이를 이용하기 위해서는 영상제작자의 이용허락이 필요하다. 이에 따라 자기가 나온 기사나 영상은 이를 링크를 이용하여서 게시하여야 한다.

Ex 영상 저작물 저작권 침해 사례

원고 MBC는 '모기와의 전쟁'이라는 제목의 뉴스 동영상을 제작하여 방송하였고, 피고는 해충퇴치기 판매업 등을 목적으로 설립된 회사로서 그 홍보를 위하여 '모기 퇴치 코리아'라는 인터넷 홈페이지를 개설하여 운영하면서 위 동영상을 홈페이지에 게시하였다. 법원은 이에 대하여 위 뉴스 동영상은 단순한 사실의 전달에 불과한 시사 보도에 불과한 것이 아니라, 고유한 표현으로 재구성하고 전문적인 기술로써 연속적인 영상으로 촬영하고 편집한 영상 저작물에 해당한다고 보았고, 따라서 피고의 이러한 행위는 영상 저작물 저작권 침해에 해당한다. [서울고등법원 2012. 6. 13. 선고 2011나52200 판결]

7 온라인서비스 제공자

온라인서비스 제공자(Online Service Provider: OSP)란 다음 중 어느 하나에 해당하는 자이다.

① 이용자가 선택한 저작물 등을 그 내용의 수정 없이 이용자가 지정한 지점 사이에서 정보통신망을 통하여 전달하기 위하여 송신하거나 경로를 지정하거나 연결을 제공하는 자(예: KT, SK 인터넷 등)

② 이용자들이 정보통신망에 접속하거나 정보통신망을 통하여 저작물

등을 복제 · 전송할 수 있도록 서비스를 제공하거나 그를 위한 설비를 제공 또는 운영하는 자(예: 네이버, 다음, 구글 등)

8 온라인서비스 제공자의 책임 제한

온라인서비스 제공자는 저작권, 그 밖에 이 법에 따라 보호되는 권리가 침해되더라도 요건을 모두 갖춘 경우에는 그 침해에 대하여 책임을 지지 아니한다. 온라인서비스 제공자는 직접적으로 저작권 침해를 한 것이 아닐 뿐만 아니라 수많은 이용자의 게시물을 일일이 감시하는 것이 현실적으로 불가능하여서, 「저작권법」은 일정한 요건하에서 온라인서비스 제공자의 책임을 면책하도록 한다. 온라인서비스 제공자가 타인의 저작물이 불법으로 복제 · 전송된다는 사실을 알게 되어, 이를 방지하거나 중단시킨 경우에는 저작권 침해에 대한 온라인서비스 제공자의 책임을 면제할 수 있도록 하고 있고, 불법 복제 · 전송을 방지하거나 중단시키고자 하였으나 그것이 기술적으로 불가능한 경우에는 그 책임을 면제하도록 규정하고 있다.

저작권자는 자신의 저작물이 불법으로 복제 · 전송되고 있는 경우 온라인서비스 제공자에게 그러한 저작물의 복제 및 전송의 중단을 요구할 수 있는데, 이러한 요청을 받은 온라인서비스 제공자는 즉시 그 저작물 등의 복제 · 전송을 중단시키고 그 사실을 침해자와 권리자에게 통보해야 한다. 이처럼 저작권자의 요청으로 그 저작물 등의 복제 · 전송을 중단시키거나 재개시킨 경우 역시 온라인서비스 제공자의 책임은 면제된다.

Ex **<미쳤어> 사건**

어린아이의 저작권을 침해하지 않는 노래 동영상을 네이버가 무단으로 중단시킨 것에 대한 손해배상 책임 인정 사례. [서울고등법원 2010. 10. 13. 선고 2010나35260 판결(손해배상)]

저작권자는 소송을 위하여 저작권 침해자의 정보를 합법적으로 요청할 수 있다. 권리주장자가 민사상의 소 제기 및 형사상의 고소를 위하여 해당 온라인서비스 제공자에게 그 온라인서비스 제공자가 가지고 있는 해당 복제·전송자의 성명과 주소 등 필요한 최소한의 정보 제공을 요청하였으나 온라인서비스 제공자가 이를 거절한 경우 권리주장자는 문화체육관광부 장관에게 해당 온라인서비스 제공자에 대하여 그 정보의 제공을 명령하여 줄 것을 청구할 수 있다(「저작권법」 제103조의3).

9 특수한 유형의 온라인서비스 제공자

특수한 유형의 온라인서비스 제공자란 공중이 저작물 등을 공유할 수 있도록 웹 사이트 또는 프로그램을 제공하여 다른 사람들 상호 간에 컴퓨터를 이용하여 직접 저작물 등을 전송하도록 하는 것을 주된 목적으로 하는 서비스를 제공하는 사업자를 말한다. 주로 웹하드 업체이다.

특수한 유형의 온라인서비스 제공자는 권리자의 요청이 있는 경우 해당 저작물 등의 불법적인 전송을 차단하는 기술적인 조치 등 필요한 조치를 하여야 한다. 그렇지 않은 경우에는 저작권 침해에 대한 법적 책임이 면제되지 않는다. 온라인서비스 제공자가 고의로 저작권 침해 방조 시 책임을 인정한다.

Ex **각 사이트에서 불특정 다수의 사이트 이용자들에 의하여 저작재산권자의 동의를 얻지 않은 영화 파일들의 업로드 및 다운로드가 이루어진 사실**

피고인들은 이 사건 각 사이트의 실질적인 운영자로서 위 각 사이트의 운영방식과 이용 실태 등을 모두 인식하고 있었음에도 사이트 이용자들에게 영화 파일의 업로드를 유인하거나 다운로드를 용이하게 해주고, 이를 통해 이익을 얻은 사실 등을 인정한 다음, 각 사이트 이용자들의 복제권 · 전송권 침해행위를 용이하게 하여 이를 방조하였고, 그에 대한 고의가 있음을 인정한 사례. [대법원 2013. 9. 26. 선고 2011도1435 판결(저작권법위반(인정된 죄명: 저작권법위반방조))]

(1) 기술적 보호조치

기술적 보호조치란 다음 중 어느 하나에 해당하는 조치를 말한다.

① 접근통제조치: 저작권, 그 밖에 이 법에 따라 보호되는 권리의 행사와 관련하여 이 법에 따라 보호되는 저작물 등에 대한 접근을 효과적으로 방지하거나 억제하기 위하여 그 권리자나 권리자의 동의를 받은 자가 적용하는 기술적 조치이다.

② 이용통제조치: 저작권, 그 밖에 이 법에 따라 보호되는 권리에 대한 침해행위를 효과적으로 방지하거나 억제하기 위하여 그 권리자나 권리자의 동의를 받은 자가 적용하는 기술적 조치로 암호화, 워터마크, 필터링 등이 있다.

접근통제조치는 저작권 등을 구성하는 복제 · 배포 · 공연 등 개별 권리에 대한 침해행위 그 자체를 직접적으로 방지하거나 억제하는 것은 아니지만, 저작물이 수록된 매체에 대한 접근 또는 그 매체의 재생 · 작동 등을 통한 저작물의 내용에 대한 접근 등을 방지하거나 억제함으로써 저작권 등을 보호하는 조치를 의미하고, 이용통제조치는 저작권 등을 구성하는 개별 권리에 대한 침해행위 그 자체를 직접적으로 방지하거나 억제하는 보호조치를 의미한다고 할 것이다. 여기서 문제 되는 보호조치가 둘 중 어느 쪽에 해당하는지를 결정함에 있어서는, 저작권은 하나의 단일한 권리가 아니라 복제권, 배포권, 공연권 등 여러 권리의 집합체로서 이들 권리는 각각 별개의 권리이므로 이 각각의 권리를 기준으로 개별적으로 판단하여야 한다.[27]

Ex 인터넷 포털사이트의 책임

갑이 인터넷 포털사이트를 운영하는 을 주식회사를 상대로 을 회사 사이트의 회원들이 갑이 제작한 동영상을 위 사이트에 개설된 인터넷 카페에 무단으로 게시하여 갑의 저작권을 침해하는데도 을 회사가 게시물의 삭제와 차단 등 적절한 조치를 취할 의무를 이행하지 않는다며 부작위에 의한 방조에 따른 공동불법행위 책임을 물은 사안에서, 갑이 을 회사에 회원들의 저작권 침해행위를 알리고 이에 대한 조치를 촉구하는 요청서를 보냈으나 그 요청서에 동영상을 찾기 위한 검색어와 동영상이 업로드된 위 사이트 내 카페의 대표주소만을 기재하였을 뿐 동영상이 게시된 인터넷 주소(URL)나 게시물의 제목 등을 구체적 · 개별적으로 특정하지는 않은 점 등 여러 사정에 비추어 보면, 갑이 을 회사에 동영상의 저작권을 침해하는 게시물에 대하여 구체적 · 개별적으로 삭제와 차단 요구를 한 것으로 보기 어렵고, 달리 을 회사가 게시물이 게시된 사정을 구체적으로 인식하고 있었다고 볼 만한 사정을 찾을 수 없으며, 을 회사는 갑이 제공한 검색어 등으로 검색되는 게시물이 갑의 저작권을 침해한 것인지 명확히 알기 어려웠고, 그와 같은 저작권 침해 게시물에 대하여 기술적 · 경제적으로 관리 · 통제할 수 있었다고 보기도 어려우므로, 을 회사가 위 동영상에 관한 갑의 저작권을 침해하는 게시물을 삭제하고 을 회사의 사이트에 유사한 내용의 게시물이 게시되지 않도록 차단하는 등의 조치를 취할 의무를 부담한다고 보기 어렵다고 한 사례. [대법원 2019. 2. 28. 선고 2016다271608 판결(손해배상)]

(2) 기술적 보호조치의 무력화 금지

누구든지 정당한 권한 없이 고의 또는 과실로 기술적 보호조치를 제

27 대법원 2015. 7. 9. 선고 2015도3352 판결(부정경쟁방지 및 영업비밀보호에 관한 법률위반(영업비밀누설 등) · 저작권법위반).

거 · 변경하거나 우회하는 등의 방법으로 무력화하여서는 아니 된다(「저작권법」 제104조의2).

10 저작권 보호조치

암호화된 방송 신호의 무력화 등의 금지, 라벨 위조 등 금지, 영상 저작물 녹화 등의 금지로 누구든지 저작권으로 보호되는 영상 저작물을 상영 중인 영화상영관 등에서 저작재산권자의 허락 없이 녹화기기를 이용하여 녹화하거나 공중송신하여서는 아니 된다. "영화상영관 등"이란 영화상영관, 시사회장, 그 밖에 공중에게 영상 저작물을 상영하는 장소로서 상영자에 의하여 입장이 통제되는 장소를 말한다.

CHAPTER 07

저작권 침해

SECTION I

저작권 침해

1 저작권 침해의 요건

음악 저작물 저작권 침해와 관련하여 "8마디가 똑같으면 표절인가?"라는 질문이 많다. 가사는 몇 마디 정도 똑같이 하면 표절이나 저작권 침해이냐는 질문을 사람들이 많이 한다.

저작물을 그대로 복제하면 저작권 침해가 된다. 저작권(저작재산권) 침해의 요건은, 첫째로 저작권 침해를 주장하는 자(원고)가 해당 저작물에 대하여 유효한 저작권을 가지고 있을 것, 둘째로 주관적 요건으로서 침해자의 저작물이 원고의 저작물에 '의거(依據, access)'하여 그것을 이용하였을 것, 셋째로 객관적 요건으로서 침해자의 저작물이 원고의 저작물과 동일성 내지는 종속성(실질적 유사성)을 가지고 있을 것이다.[1]

보통 의거는 시간관계의 선후로 판단한다. 2001년에 발행된 책과

1 오승종, "저작재산권침해에 있어서 실질적 유사성 요건과 그 판단 기준", 한국비교사법학회, 『비교사법』 1(2), 2003. 6, 451면.

2005년에 발행된 책은 2005년에 발행된 책이 2001년 책을 이용했을 가능성이 크다. 이에 따라 문제 되는 영역은 실질적 유사성 판단으로 저작권 침해를 판단하게 된다.

2 저작권 침해와 표절의 차이

'표절'이라는 용어에 대해 명백한 정의가 있는 것은 아니다. 표절에 대해 정의하자면, 타인의 저작물을 마치 자신이 창작한 것인 것처럼 전용하는 행위이다. 예를 들면, ① 타인의 저작물을 적법하게 이용하였지만, 인용표시를 하지 않는 행위, ② 타인의 저작물 또는 저작물 일부를 인용의 목적에 맞지 아니하게 자신이 한 것인 것처럼 표시하는 행위, ③ 2차적 저작물이 되기 위해 요구되는 창작의 정도에 이르지 아니하는 저작물을 새로운 창작물인 것처럼 표시하는 행위 등이다. 따라서 표절은 타인의 저작물을 자신이 창작한 것처럼 속였다는 도덕적 비난을 강하게 내포한다.

반면, 저작권 침해는 창작적인 표현을 비교대상으로 하여, 침해 저작물이 피침해 저작물을 보고 베꼈다는 의거성이 인정되고, 두 저작물의 창작적인 표현이 동일하거나 실질적으로 유사할 경우에 성립한다.

한 가지 예로, 방송 포맷을 베끼는 경우 아이디어를 베끼는 것으로 표절이라고 비난할 수 있지만, 저작권을 침해하는 것은 아니다.

SECTION II

저작권 침해의 법적 구제

1 저작권 침해행위에 대한 법적 구제

저작권을 침해당한 저작(권)자는 민사 및 형사 구제 조치를 할 수 있다. 민사 구제는 고의(故意) 또는 과실(過失)에 의해서 저작권을 침해한 자를 상대로 손해배상을 청구하거나 침해의 정지 등을 청구할 수 있는 구제 수단을 말한다. 형사 구제는 피해자가 수사기관에 침해자를 소추(訴追)해 달라고 요구하는 구제 수단이다. 일반적으로 저작권 침해죄는 피해자의 고소가 있어야 소추할 수 있는 친고죄이지만, 영리를 위하여 상습적(습관적)으로 저작권을 침해하는 범죄에 대해서는 비친고죄로 처벌한다. 저작권을 침해한 자는 5년 이하의 징역이나 5천만 원 이하의 벌금, 또는 이를 병과한 처벌을 받지만(법 제136조 1항), 일반적으로 인신을 구속하는 징역형이나 금고형보다는 인신을 구속하지 않는 벌금형이 선고되는 경우가 대부분이다.

그 밖에 저작권 분쟁해결 방법에는 저작권위원회에 분쟁조정을 신청하는 제도가 있다. 저작권 분쟁 조정제도는 분쟁 당사자 사이의 분규와 쟁의를 절충하거나 타협하여 합의에 이르도록 하는 것을 말한다. 분쟁조정신청은 저작권자나 저작권 침해자 모두 가능하다.

2 민사상 조치

(1) 침해 정지 청구

저작권자는 그 권리를 침해하는 자에 대하여 침해의 정지를 청구할 수 있다.

(2) 법정손해배상의 청구

저작재산권자 등은 고의 또는 과실로 권리를 침해한 자에 대하여 사실심(事實審)의 변론이 종결되기 전에는 실제 손해액이나 제125조 또는 제126조에 따라 정하여지는 손해액을 갈음하여 침해된 각 저작물 등마다 1천만 원(영리를 목적으로 고의로 권리를 침해한 경우에는 5천만 원) 이하의 범위에서 상당한 금액의 배상을 청구할 수 있다.

3 형사상 조치

저작권 보호를 위한 대표적인 방법이 저작권 침해에 대한 형사처벌이다. 우리나라도 형사처벌 규정을 두어 저작자의 권리를 강하게 보호하고 있다. 현행 「저작권법」 제136조 제1항에 의하면 저작재산권, 그 밖에 「저작권법」에 따라 보호되는 재산적 권리(단, 데이터베이스 제작자의 권리는 제외)를 복제, 공연, 공중송신, 전시, 배포, 대여, 2차적 저작물 작성의 방법으로 침해한 자 등은 5년 이하의 징역 또는 5천만 원 이하의 벌금에 처해지며, 징역형과 벌금형은 병과가 가능하다.

SECTION Ⅲ

저작인격권 침해 사례

1 성명표시권 침해 여부

Ex 〈하늘색 꿈〉 사건

갑 주식회사가 운영하는 음악 사이트에서 을이 작곡한 음악 저작물에 관하여 MP3 파일 다운로드, 미리듣기 등의 서비스를 제공하면서 작곡자의 성명을 표시하지 않고 가사보기 서비스에서만 작곡자의 성명을 다른 사람으로 잘못 표시한 사안에서, 이는 모두 을의 성명표시권을 침해한 것이다. [대법원 2012. 1. 12. 선고 2010다57497 판결(손해배상)]

Ex 초등학교 교과서 사건

문교부가 위 산문의 지은이를 가공의 이름인 황정아로 표시한 이유가 교육 정책상의 목적에 있었다 하더라도 이러한 사정만으로는 저작자에게 전속되는 창작자임을 주장할 수 있는 귀속권을 침해하는 정당한 사유가 되지 아니한다. [대법원 1989. 10. 24. 선고 88다카29269 판결(손해배상(기))]

② 동일성유지권 침해 여부

Ex 음악 저작물의 동일성유지권 침해 사건

음악 저작물을 노래반주기용 반주곡으로 제작하면서 일부분의 선율을 변경하고, 원곡과 다른 코러스, 랩, 의성어 등을 삽입하기는 하였으나, 그러한 변경만으로는 음악 저작물을 노래반주기에 이용할 때 일반적으로 통용되는 범위를 초과하여 이 사건 음악 저작물을 변경하였다고 보기 어려워 음악 저작물의 동일성유지권을 침해한 것이 아니다. [대법원 2015. 4. 9. 선고 2011다101148 판결(손해배상)]

Ex 저작물의 동일성유지권 침해 사건

망인인 이광수의 허락을 받지 아니하고 그의 소설을 다소 수정한 내용을 실은 도서를 출판 · 판매하였으나, 수정한 내용이 주로 해방 후 맞춤법 표기법이 바뀜에 따라 오기를 고치거나 일본식 표현을 우리말 표현으로 고친 것으로서, 망인 스스로 또는 그 작품의 출판권을 가진 출판사에서 원작을 수정한 내용과 별로 다르지 않다면 그 수정 행위의 성질 및 정도로 보아 사회 통념상 저작자의 명예를 훼손한 것으로 볼 수 없어 저작자 사망 후의 저작인격권(저작물의 동일성유지권) 침해가 되지 아니한다고 본 사례. [대법원 1994. 9. 30. 선고 94다7980 판결(손해배상(지))]

SECTION Ⅳ

저작재산권 침해 사례

1 소설 저작권 침해 사례

소설 등에 있어서 추상적인 인물의 유형 혹은 어떤 주제를 다루는 데 있어 전형적으로 수반되는 사건이나 배경 등은 저작권의 보호대상이 아니다.

Ex 『텐산산맥』과 〈카레이스키〉 사건

연해주 이민 한인들의 애환과 생활상을 그린 소설 『텐산산맥』과 드라마 〈카레이스키〉 사이에 〈카레이스키〉의 제작 시점에 그 연출가가 『텐산산맥』의 존재를 이미 알고 있어서 저작권 침해의 의거 관계는 추정되나 〈카레이스키〉는 『텐산산맥』과 완연히 그 예술성과 창작성을 달리하는 별개의 작품으로 실질적 유사성은 인정되지 않는다는 이유로 드라마 〈카레이스키〉가 소설 『텐산산맥』의 저작권을 침해하였다고 볼 수 없다고 한 사례. [대법원 2000. 10. 24. 선고 99다10813 판결(손해배상(기))]

2 번역 저작권 침해 사례

저작물의 저작권 침해 판단에 있어서 양자의 창작적인 부분만을 대비하여 침해를 판단한다.

창작적이지 않은 부분은 다른 사람이 이를 허락 없이 복제하더라도 저작권 침해가 되지 않는다.

Ex 프랑스 소설 번역 사건

번역 저작물의 창작성은, 원저작물을 언어체계가 다른 나라의 언어로 표현하기 위한 적절한 어휘와 구문의 선택 및 배열, 문장의 장단 및 서술의 순서, 원저작물에 대한 충실도, 문체, 어조 및 어감의 조절 등 번역자의 창의와 정신적 노력이 깃든 부분에 있는 것이고, 그 번역 저작물에 나타난 사건의 전개, 구체적인 줄거리, 등장인물의 성격과 상호관계, 배경설정 등은 경우에 따라 원저작물의 창작적 표현에 해당할 수 있음은 별론으로 하고 번역 저작물의 창작적 표현이라 할 수 없으므로, 번역저작권의 침해 여부를 가리기 위하여 번역 저작물과 대상 저작물 사이에 실질적 유사성이 있는가를 판단함에 있어서는 위와 같은 번역 저작물의 창작적인 표현에 해당하는 것만을 가지고 대비하여야 한다. [대법원 2007. 3. 29. 선고 2005다44138 판결(저작권침해정지등)]

Ex 중문 서적 사건

45개 이야기에 해당하는 원심 판시 이 사건 중문 서적에 수록된 이야기들이 독창적인 저작물인지에 관하여 살펴본다. 이 사건 중문 서적에 수록된 이야기 중 2번째, 4번째, 7번째 및 28번째 이야기(이하 '2번째 등 이야기'라고 한다)는 원저작물의 일부 내용을 발췌하였을 뿐이고 그 표현형식에서 저작자 스스로 정신적 노력의 산물이라고 할 만한 구체적인 표현을 가미하거나 수정한 내용이 거의 없어서 원저작물에 다소의 수정 · 증감을 가한 것에 불과하므로 독창적인 저작물이라고 볼 수 없다. 그럼에도 이 사건 중문 서적에 수록된 이야기 중 2번째 등 이야기가 창작성이 있는 독창적인 저작물에 해당한다고 판단한 원심판결에는 2차적 저작물의 창작성에 관한 법리를 오해한 위법이 있다. [대법원 2012. 2. 23. 선고 2010다66637 판결(저작권침해금지등)]

3 극본 저작권 침해 사례

「저작권법」이 보호하는 복제권이나 2차적 저작물 작성권 침해가 성립하기 위한 요건으로서 '의거 관계'가 인정되는지 판단한 사례이다.

Ex 〈선덕여왕〉 사건

갑이, 을 방송사가 기획하고 병 등이 극본을 작성한 〈선덕여왕〉이라는 드라마가 갑이 뮤지컬 제작을 위한 대본으로 창작한 『The Rose of Sharon, 무궁화의 여왕 선덕』에 의거하여 제작·방송되었다고 주장하면서 을 방송사 등을 상대로 손해배상을 구한 사안에서, 을 방송사의 위 대본에 대한 접근 가능성이나 위 드라마와 대본 사이의 현저한 유사성이 인정되지 아니하므로 두 저작물 사이에 의거 관계가 있다고 할 수 없다고 한 사례. [대법원 2014. 7. 24. 선고 2013다8984 판결(손해배상등)]

「저작권법」상 공연권 침해로 손해배상책임이 발생하기 위한 요건을 제시한 사건이다.

Ex 〈비보이를 사랑한 발레리나〉 사건

피고인이 갑이 작성한 무언극 〈비보이를 사랑한 발레리나〉 시놉시스와 실질적으로 유사한 내용의 공연을 진행하였다고 하여 「저작권법」 위반으로 기소된 사안에서, 피고인이 2차적 저작물에 해당하는 갑의 시놉시스에 관한 저작재산권을 침해하였다는 취지의 원심판단을 수긍한 사례. [대법원 2011. 5. 13. 선고 2010도7234 판결(부정경쟁방지 및 영업비밀보호에 관한 법률위반 · 저작권법위반)]

4 기사 저작권 침해 사례

'사실의 전달에 불과한 시사보도'를 「저작권법」의 보호대상에서 제외한 취지의 사건이다.

Ex **일간신문**

일간신문의 편집국장이 연합뉴스 사의 기사와 사진을 복제하여 신문에 게재한 사안에서, 복제한 기사와 사진 중 단순한 사실의 전달에 불과한 시사보도의 정도를 넘어선 것만을 가려내어 「저작권법」상 복제권 침해행위의 죄책을 인정해야 한다고 한 사례. [대법원 2006. 9. 14. 선고 2004도5350 판결(저작권법위반)]

저작권의 보호대상 및 두 저작물 사이의 실질적 유사성 유무의 판단 기준을 제시한 사건이다.

Ex **통신사 사건**

이 사건 침해기사들은 일부 문장의 배열 순서 및 그 구체적인 표현 등에 있어 다소의 수정·증감이나 변경이 가하여진 것이라 하더라도, 그에 대응하는 원고의 기사 중 핵심적인 표현 부분을 그대로 전재하고 있을 뿐만 아니라, 전체적인 기사의 구성과 논조 등에 있어서 원고 기사의 창작적 특성이 감지되므로, 양 기사 사이에 실질적인 유사성이 있다 할 것이다. [대법원 2009. 5. 28. 선고 2007다354 판결(저작권침해금지등)]

5 사진 저작물과 저작권 침해

(1) 타인의 사진을 그대로 이용한 경우

다른 사람의 사진을 그대로 저장하면 저작자를 알든 모르든 저작권 침해가 된다.

Ex **타인의 사진을 마음대로 게시한 사건**

여행사 종업원이 여행사 홈페이지에 사진을 게시할 당시 사진의 저작권자가 누구인지 몰랐다 하더라도 타인의 저작물을 영리를 위하여 마음대로 게시한다는 인식이 있었으므로 저작권 침해행위에 해당한다. [대법원 2006. 2. 24. 선고 2005도7673 판결(저작권법위반)]

Ex 저작재산권의 고의적 침해 사건

타인이 제작한 풍경 사진을 컴퓨터 바탕화면 제공업체로부터 회원 자격으로 전송받아 복제한 다음 포털사이트 포토 앨범에 전송한 사안에서, 저작재산권 침해죄의 고의를 인정한 사례. [대법원 2008. 10. 9. 선고 2006도4334 판결(저작권법위반)]

(2) 사진저작권 침해가 안 되는 경우

다른 사람의 사진을 이용하는 경우 창작성이 다르면 저작권 침해가 안 될 수 있다.

Ex 솔섬 사진 사건

영국 출신 사진작가 갑이 을에게 '솔섬' 사진 작품에 관한 국내 저작권 등을 양도하였는데, 병 주식회사가 '솔섬'을 배경으로 한 사진을 광고에 사용하자 을이 병 회사를 상대로 '솔섬' 사진의 저작권 침해를 이유로 손해배상을 구한 사안에서, 자연경관은 만인에게 공유되는 창작의 소재로서 촬영자가 피사체에 어떠한 변경을 가하는 것이 사실상 불가능하다는 점을 고려할 때 다양한 표현 가능성이 있다고 보기 어려우므로, 갑의 사진과 병 회사의 사진이 모두 같은 촬영 지점에서 풍경을 표현하고 있어 전체적인 콘셉트(Concept) 등이 유사하다고 하더라도 그 자체만으로는 저작권의 보호대상이 된다고 보기 어렵고, 양 사진이 각기 다른 계절과 시각에 촬영된 것으로 보이는 점 등에 비추어 이를 실질적으로 유사하다고 할 수 없다고 한 사례. [서울중앙지방법원 2014. 3. 27. 선고 2013가합527718 판결: 항소(손해배상(기))]

Ex 모발이식 사건

성형외과 병원 홈페이지에 게시한 모발이식 전후의 환자 사진과 온라인 상담내용은 모두 저작물성이 인정되지 않으나, 다른 성형외과 원장이 이를 무단으로 도용해 자신의 홈페이지에 게시한 것은 불법행위를 구성한다고 한 사례. [서울중앙지방법원 2007. 6. 21. 선고 2007가합16095 판결: 확정(손해배상(기))]

6 미술 저작물 침해 사례

(1) 응용미술

응용미술 디자인도 저작권으로 보호된다.

Ex 히딩크 넥타이 사건

일명 '히딩크 넥타이'의 도안이 우리 민족 전래의 태극 문양 및 팔괘 문양을 상하좌우 연속 반복한 넥타이 도안으로서 응용미술 작품의 일종이라면 위 도안은 '물품에 동일한 형상으로 복제될 수 있는 미술 저작물'에 해당한다고 할 것이며, 또한 그 이용된 물품과 구분되어 독자성을 인정할 수 있는 것이라면 「저작권법」 제2조 제11의 2호에서 정하는 응용미술 저작물에 해당한다고 한 사례. [대법원 2004. 7. 22. 선고 2003도7572 판결(저작권법위반)]

전통문양도 저작권으로 보호되는 경우도 있다.

Ex 도록 수록 도형

개인의 편저 또는 수집작인 민속도감이나 도록에 수록된 도형들은 비록 그 대상이 옛날부터 존재하던 우리나라 고유의 민속화나 전통 문양이라 하더라도 그 소재의 선택 및 배열과 표현기법에 있어서 개인의 정신적 노력을 바탕으로 한 창작물이라 할 것이다. [대법원 1979. 12. 28. 선고 79도1482 판결(저작권법위반)]

(2) 동물 모양 저작권 침해 사례

Ex 기아자동차 호랑이 코 모양의 저작권 침해 여부 판단

갑이 을 주식회사 등의 자동차 그릴 디자인이 갑의 스케치에 따라 작성되었다고 주장하면서 을 회사 등을 상대로 저작권침해금지 등을 구한 사안에서, 을 회사 등의 디자인들이 갑의 스케치에 따라 작성된 것으로 볼 수 없다고 한 원심판단을 정당하다고 한 사례. [대법원 2014. 5. 16. 선고 2012다55068 판결(저작권침해금지및손해배상등)]

Ex　여우 모양 저작권 보호

갑 외국회사가 여우 모양 도안을 작성하여 갑 회사가 제조 · 판매하는 모토크로스, 산악자전거 등 물품에 표시하는 한편, 다른 곳에 부착할 수 있는 전사지나 스티커 형태로 제작하여 잠재적 수요자에게 배포하고, 카탈로그 등 홍보물과 인터넷 홈페이지 등에서 물품에 부착되지 않은 도안 자체만의 형태를 게재한 사안에서, 위 도안은 자연계에 존재하는 일반적인 여우의 머리와 구별되는 독특한 여우 머리로 도안화되었거나 이처럼 도안화된 여우 머리 형상을 포함하고 있어, 여기에는 창작자 나름의 정신적 노력의 소산으로서의 특성이 부여되어 있고 다른 저작자의 기존 작품과 구별될 수 있는 정도이므로, 「저작권법」에 의하여 보호되는 저작물의 요건으로서 창작성을 구비하였다. [대법원 2014. 12. 11. 선고 2012다76829 판결(저작권침해금지등)]

결론적으로 이 사건 도안은 1995년 개정 「저작권법」이나 2000년 개정 「저작권법」에서의 응용미술 저작물성의 적용 여부와 관계없이 도안 자체로 일반적인 순수미술 저작물로 창작성을 인정받을 만한 것이며, 상표로서 알려지는 것과 관계없이 독창적으로 창작되어 「저작권법」상의 저작물로서의 창작성을 인정받을 수 있는 것이므로, 이와 같은 내용을 주된 판시 내용으로 반영한 대상판결은 타당한 판단이다.[2]

7 음악 저작물과 저작권 침해

(1) 샘플링의 경우

다른 사람의 음악을 이용허락 없이 그대로 쓰면 저작권 침해가 된다. 기존 작품의 일부를 발췌해 그대로 사용하거나, 가공을 거쳐 새로운 작품을 만드는 작곡기법을 샘플링(Sampling)이라고 한다. 예를 들어 원더

2 정태호, "동물 캐릭터 도안의 사례들을 통한 응용미술저작물과 순수 미술저작물의 경계에 관한 고찰: 대법원 2014. 12. 11. 선고 2012다76829 판결을 중심으로", 한국지식재산연구원, 『지식재산연구』 10(2), 2015. 6, 156면.

Ex 복제 음악 시디(CD) 판매행위

다른 사람이 제작한 편집 음악 시디(CD)를 그대로 복제하여 판매한 행위는 「저작권법」 위반죄가 성립한다고 한 사례. [대법원 2009. 6. 25. 선고 2008도11985 판결(저작권법위반)]

걸스 〈텔미〉의 '테테테테 텔~미' 부분이 미국 가수 스테이시 큐의 〈투 오브 하츠〉의 '아아아아 아이 니드'를 샘플링한 사례가 있다. 사람의 목소리나 악기 소리로 만들어진 각종 추임새와 효과음, 짧은 멜로디나 리듬 등 음악의 '재료'들이 담긴 정품 샘플 CD를 구매하면, 그 속에 담긴 음원이나 소스는 아무런 제약이나 추가 비용 없이 임의대로 사용 가능하다. 다만, 그렇지 않은 경우 아주 작은 일부라도 원곡의 저작권자에게 반드시 사용 허락을 받아야 한다.

(2) 음악 저작물의 저작권 침해

음악 저작물에 대한 저작권의 침해가 되기 위해서는 ① 피고가 원고의 저작물을 이용하였을 것, 즉 창작적 표현을 복제하였을 것, ② 피고가 원고의 저작물에 의거하여 이를 이용하였을 것, ③ 원고의 저작물과 피고의 저작물 사이에 실질적 유사성이 있을 것 등의 세 가지 요건이 충족되어야 한다. 창작적 표현이라야 보호를 받을 수 있다.

Ex 아이유 〈썸데이〉-(애쉬 〈내 남자에게〉 표절)

원저작물이 전체적으로 볼 때에는 「저작권법」이 정한 창작물에 해당한다 하더라도 그 내용 중 창작성이 없는 표현 부분에 대해서는 원저작물에 관한 복제권 등의 효력이 미치지 않는다. 따라서 음악 저작물에 대한 저작권 침해소송에서 원저작물 전체가 아니라 그중 일부가 상대방 저작물에 복제되었다고 다투어지는 경우에는 먼저 원저작물 중 침해 여부가 다투어지는 부분이 창작성 있는 표현에 해당하는지를 살펴보아야 한다. [대법원 2015. 8. 13. 선고 2013다14828 판결(손해배상)]

(3) 실질적 유사성 판단

실질적 유사성 여부를 판단함에 있어서는 해당 음악 저작물을 누리는 수요자의 판단을 기준으로 한다. 표현에 있어서 가장 구체적이고 독창적인 형태로 표현되는 가락을 중심으로 하여 대비 부분의 리듬, 화성, 박자, 템포 등의 요소도 함께 종합적으로 고려하여야 하고, 각 대비 부분이 해당 음악 저작물에서 차지하는 질적 · 양적 정도를 고려해야 한다.

Ex 판단 기준

음악 저작물은 일반적으로 가락(melody), 리듬(rhythm), 화성(harmony)의 3가지 요소로 구성되고, 이 3가지 요소들이 일정한 질서에 따라 선택 · 배열됨으로써 음악적 구조를 이루게 된다. 따라서 음악 저작물의 창작성 여부를 판단할 때에는 음악 저작물의 표현에 있어서 가장 구체적이고 독창적인 형태로 표현되는 가락을 중심으로 하여 리듬, 화성 등의 요소를 종합적으로 고려하여 판단하여야 한다. [대법원 2015. 8. 13. 선고 2013다14828 판결(손해배상)]

Ex MC 몽 〈너에게 쓰는 편지〉 사건

가수 MC몽이 린과 함께 가창한 〈너에게 쓰는 편지〉의 후렴구 8소절이 기존에 그룹 '더더'가 가창한 〈It's you〉의 후렴구 8소절을 표절 또는 일부 변형되어 이용됨으로써 성명표시권 및 동일성유지권이 침해되었다고 주장된 사안에서 전부터 널리 사용되어 오던 관용구(Cliche)가 아니어서 그 창작성을 인정할 수 있고, 원고의 곡이 피고의 곡보다 약 6년 전에 공표되었으며 원고의 곡을 타이틀곡으로 한 앨범이 10만 장 이상 판매되었고 상업 광고의 배경음악으로도 사용된 점 등에 비추어 볼 때 피고의 곡은 원고의 곡에 의거한 것으로 추정할 수 있고, 두 곡의 대비 부분의 가락, 화성 진행, 박자, 템포, 분위기가 동일 · 유사하며 그 대비 부분이 각 곡의 후렴구로서 여러 차례 반복되고 있어 각 곡의 수요자들이 전체 곡을 감상할 때 그 곡으로부터 받는 전체적인 느낌에서 중요한 역할을 담당하고 있다는 점 등을 이유로 피고가 자신의 곡을 작곡하면서 원고의 곡을 임의로 사용함으로써 원고의 저작인격권을 침해하였다고 보아 피고의 위자료 지급의무를 인정한 사례(인정금액: 1,000만 원) [수원지방법원 2006. 10. 20. 선고 2006가합8583 판결: 확정(손해배상(기))]

음악저작권 침해 판단에서 가장 구체적이고 독창적인 형태로 표현되는 가락을 중심으로 하여 대비 부분의 리듬, 화성, 박자, 템포 등의 요소도 함께 종합적으로 고려하여야 하고, 각 대비 부분이 해당 음악저작물에서 차지하는 질적 · 양적 정도를 고려한다. '4마디만 똑같으면 표절' 또는 '6마디 이상이 같으면 표절'이라는 공식은 있지 않다. 더 나아가 '6마디가 되지 않는 음악은 얼마든지 자유롭게 복제할 수 있다(Six Bar Rule)'거나 '3마디는 괜찮다(Three Bar Rule)'는 판단 기준도 없다. 미국 법원은 2에서 4마디 음으로만 구성된 음악도 저작물로 보호한다. 우리 법원은 음악에서 해당 소절이 차지하는 비중과 함께 수요자들이 전체 곡을 감상할 때 그 곡에서 받는 전체 느낌 등을 고려해 표절 여부를 판단한다.

8 캐릭터와 저작권 침해

만화, 텔레비전, 영화, 신문, 잡지 등 대중이 접하는 매체를 통하여 등장하는 인물, 동물 등의 형상과 명칭을 뜻하는 캐릭터의 경우 그 인물, 동물 등의 생김새, 동작 등의 시각적 표현에 작성자의 창조적 개성이 드러나 있으면 원저작물과 별개로 「저작권법」에 따라 보호되는 저작물이 될 수 있다. 캐릭터란 고유의 개성과 특성이 담긴 생명력을 가진 상징적 존재로서 상품화의 가치가 있는 것으로 간주하고 있다.[3]

3 조경숙, "캐릭터 도안(圖案)의 창작성 판단 기준: 저작권침해소송 판례를 중심으로", 한국복식학회, 『복식』 66(5), 2016. 8, 33면.

Ex **야구 게임 캐릭터의 보호**

게임물에 등장하는 캐릭터에 창작성이 인정되므로 원저작물인 게임물과 별개로 「저작권법」의 보호대상이 될 수 있고, 그 캐릭터에 관하여 상품화가 이루어졌는지는 「저작권법」에 따른 보호 여부를 판단함에 있어서 고려할 사항이 아니라고 한 사례. [대법원 2010. 2. 11. 선고 2007다63409 판결(저작권침해금지)]

9 게임 저작권 침해

(1) 게임의 아이디어 보호

게임의 방식이나 아이디어 등은 저작권으로 보호되지 않는다. 추상적인 게임의 장르, 기본적인 게임의 배경, 게임의 전개방식, 규칙, 게임의 단계변화 등은 게임의 개념 · 방식 · 해법 · 창작도구로서 아이디어에 불과하다. 아이디어 자체는 「저작권법」에 따른 보호를 받을 수 없다. 아이디어를 게임화하는 데 있어 필수 불가결하거나 공통적 또는 전형적으로 수반되는 표현 등은 「저작권법」에 따른 보호대상이 될 수 없다.

다만, 전체로서의 실질적 유사성을 비교하여 판단한다. 게임 저작물은 컴퓨터 프로그램을 기반으로 하는 기능적 저작물이며, 여러 소재의 저작물이 유기적으로 결합하여 하나의 표현물을 이루고 있다는 점에서 여타의 저작물과 구별되는 특색이 있다. 즉, 게임 저작물은 프로그램 저작물성과 영상 저작물성, 소재 저작물의 집합 저작물성 및 이러한 구성요소들에 대한 복합 저작물성을 가진다. 게임의 일정한 '부분'에 있어 창작적 요소가 가미되어 「저작권법」으로 보호받을 수 있는 저작물성이 인정될 수 있고, 그 '전체'로서도 창작적 요소가 가미되어 「저작권법」으로 보호받을 수 있는 저작물성이 인정될 수 있다. 특정 저작물의 어느 요소는 어문 저작물에 해당할 수 있고, 다른 어떤 요소는 음악 저작물에 해당할 수도 있으며, 동시에 미술 저작물에 해당할 수도 있다.[4]

(2) 구성요소들의 선택, 조합, 전개, 구체화 등의 창작성 인정 여부와 구성요소 간의 실질적 유사성 판단 사례

Ex 봄버맨 사건

직사각형의 플레이필드 안에서 폭탄을 이용하여 상대방 캐릭터를 죽이는 것을 기본원리로 하는 게임에서 게임의 각종 설정, 전개방식과 규칙 등을 전체로서 배열하고 선택하는 데 저작자의 다양한 표현의 여지가 없으므로 "봄버맨" 게임의 각종 설정, 전개방식, 규칙 등은 「저작권법」이 보호하는 내재적 표현으로 볼 수 없고, 이를 제외하고 「저작권법」상 보호받는 플레이필드, 맵, 캐릭터, 아이템, 폭탄 등의 구체적인 표현에 있어서 "크레이지 아케이드 비엔비" 게임과 "봄버맨" 게임이 실질적으로 유사하지 않다고 본 사례. [서울중앙지방법원 2007. 1. 17. 선고 2005가합65093 판결: 항소(저작권침해금지청구권 등 부존재확인 · 저작권침해금지 등)]

Ex 게임물 저작권

매치-3-게임(match-3-game) 형식의 모바일 게임을 개발하여 출시한 갑 외국회사가 을 주식회사를 상대로, 을 회사가 출시한 모바일 게임이 갑 회사의 저작권을 침해한다는 이유로 침해행위 금지 등을 구한 사안에서, 갑 회사의 게임물은 개발자가 축적된 게임 개발 경험과 지식을 바탕으로 게임물의 성격에 비추어 필요하다고 판단된 요소들을 선택하여 나름대로의 제작 의도에 따라 배열 · 조합함으로써, 개별 구성요소의 창작성 인정 여부와 별개로 특정한 제작 의도와 시나리오에 따라 기술적으로 구현된 주요한 구성요소들이 선택 · 배열되고 유기적인 조합을 이루어 선행 게임물과 확연히 구별되는 창작적 개성을 갖추고 있으므로 저작물로서 보호대상이 될 수 있고, 을 회사의 게임물은 갑 회사의 게임물 제작 의도와 시나리오가 기술적으로 구현된 주요한 구성요소들의 선택과 배열 및 유기적인 조합에 따른 창작적인 표현형식을 그대로 포함하고 있으므로, 양 게임물은 실질적으로 유사하다고 볼 수 있는데도, 이와 달리 본 원심판단에 법리오해 등의 잘못이 있다고 한 사례. [대법원 2019. 6. 27. 선고 2017다212095 판결(저작권침해금지 등 청구의 소)]

---

4 김용섭, "게임 저작물의 보호범위", 한양법학회, 『한양법학』 42, 2013. 5, 325면.

SECTION V

저작권 침해 주장에 대한 항변 사유

저작권 침해에 대한 항변 사유 중 대표적인 것으로 다음과 같은 것이 있다.[5]

1 사적 이용을 위한 복제

공표된 저작물을 영리를 목적으로 하지 아니하고 개인적으로 이용하거나 가정 및 이에 준하는 한정된 범위 안에서 이용하는 경우에는 그 이용자는 이를 복제할 수 있다. 다만, 공중의 사용에 제공하기 위하여 설치된 복사기기에 의한 복제는 그러하지 아니하다. 이는 제30조에서 규정하고 있다. 그런데 법문에서는 복제의 범위와 부수와 관련된 내용을 규정하고 있지 않다.

5 계승균, "지식재산권 침해에 대한 민사상 구제방법에 관한 소고: 저작권을 중심으로", 동아대학교 법학연구소, 『동아법학』 74, 2017. 2, 128면.

2 인용

공표된 저작물은 보도 · 비평 · 교육 · 연구 등을 위하여, 정당한 범위 안에서 공정한 관행에 합치되게 이를 인용할 수 있다(제28조). 이를 공표된 저작물의 인용이라고 부르고 있다. 적법한 인용에 해당되기 위해서는 인용하고 있는 저작물과 인용된 저작물이 명료하게 구별되고 인식되어야 할 것(명료 구별성), 두 저작물 사이에 즉 인용하고 있는 저작물과 인용된 저작물 사이에서 전자가 주된 역할, 후자가 종의 역할을 하여야 하며(주종 관계성), 인용된 저작물 저작자의 저작인격권을 침해하지 않아야 한다.

3 저작재산권 제한 사유

저작재산권의 개별적인 제한 사유에 해당하는 것도 항변 사유에 해당된다. 제35조의3의 공정이용 조항은 비교적 그 요건 사실이 추상적이고 일반적인 내용이기는 하지만 분명히 규정되어 있다.